LA CONFECTION DU
DICTIONNAIRE GÉNÉRAL BILINGUE

LA CONFECTION DU DICTIONNAIRE GÉNÉRAL BILINGUE

par

P.A. MESSELAAR

UITGEVERIJ PEETERS

LEUVEN

1990

ISBN 90-6831-240-5
D. 1990/0602/38

PRÉFACE

Ce livre peut être considéré comme un aide-mémoire pour le chef d'une équipe lexicographique qui compose un dictionnaire général bilingue, et comme un manuel pratique destiné au lexicographe bilingue débutant.

Celui-ci sera mieux préparé à la tâche qu'il a assumée, se fera moins souvent piéger s'il étudie d'abord des traités sur la lexicologie, la sémantique (discipline essentielle), la stylistique, la théorie de la communication, les techniques traductionnelles et qu'il profite de l'information que lui offre ce livre. Quand il est question du passage d'une langue à l'autre, nous tirons des exemples de plusieurs langues romanes et germaniques.

Nous espérons alléger le travail du rédacteur en chef, qui pourra se dispenser d'exposer amplement à ses collaborateurs novices tous les problèmes que pose la confection du dictionnaire en question.

Nous désirons aussi attirer l'attention des lexicographes monolingues sur l'information indispensable à laquelle les lexicographes bilingues, qui puisent chez eux, s'attendent: ceux-là portent une double responsabilité puisque la lexicographie unilingue alimente la plurilingue.

Un livre tel que celui-ci ne figurera pas sans utilité dans la bibliothèque d'une école de traducteurs et d'interprètes. Et les professeurs de lycée et de collège qui enseignent à leurs élèves l'utilisation du dictionnaire, qui leur donnent des conseils concernant l'achat d'un tel ouvrage, tireront également avantage de ce livre; étant encore étudiants, ils font bien de se familiariser déjà avec la problématique impliquée dans la lexicographie bilingue.

TABLE DES MATIÈRES

TABLEAU DES ABRÉVIATIONS

adj.	adjectif
admin.	dans la langue écrite de l'administration
adv.	adverbe; adverbial
all.	allemand
anc.	ancien
angl.	anglais
appos.	apposition
arg.	argot(ique)
art.	article
attr.	attribut
caus.	causal
circonst.	circonstanciel
compl.	complément
conc.	concessif
cond.	conditionnel(le)
conj.	conjonction
conséc.	consécutif
coordin.	coordination
déf.	défini
dém.	démonstratif
dep.	depuis
dét.	déterminatif
dial.	dialectal
dir.	direct; directeur, direction
DL	*Dictionnaire de linguistique* (voir la Bibliographie)
DLIT	*Dizionario delle Lingue Italiana e Tedesca* (id.)
E	langue étrangère
esp.	espagnol
ex.	exemple
exclam.	exclamatif; exclamative
exp.	expansion
explic.	explicatif
f.	féminin
fam.	familier
flam.	flamand
fr.	français
gér.	gérondif
GLLF	*Grand Larousse de la langue française* (voir la Bibliogr.)
GR	*Grand Robert* (id.)
holl.	hollandais
imp.	imparfait
impér.	impératif
impers.	impersonnel

indéf.	indéfini
indép.	indépendant
indir.	indirect
inf.	infinitif
interj.	interjection
interr.	interrogatif
intr.	intransitif
it.	italien
Lc	langue cible
litt.	littéraire
loc.	locution
Ls	langue source
m.	masculin
M	langue maternelle
man.	manière
mod.	moderne
n.	nom
néerl.	néerlandais
nég.	négation; négatif
obj.	objet
partic.	participe; participial
partit.	partitif
péj.	péjoratif; péjorativement
pers.	personnel
pl.	pluriel
pl.-que-parf.	plus-que-parfait
poét.	poétique, en poésie
pop.	populaire
poss.	possessif
p.p.	participe passé
PR	*Petit Robert* (voir la Bibliographie)
prép.	préposition; prépositionnel, prépositif
prés.	présent
princ.	principal(e)
pron.	pronom(inal)
prop.	proposition
qqch.	quelque chose
qqn	quelqu'un
région.	régional
rel.	relatif; relative
s.	siècle
sing.	singulier
s. conn.	sème connotatif
s. gén.	sème générique
s. sp.	sème spécifique
subj.	subjonctif
subord.	subordonnée
subordin.	subordination

subst.	substantif
suj.	sujet
synt.	syntagme
temp.	temporel
tr.	transitif
v.	verbe
vi	vieilli
vs	versus
vulg.	vulgaire
vx	vieux
wall.	wallon

1. INTRODUCTION

1.1. Le dictionnaire qui est l'objet de ce livre, présente le lexique d'une langue de départ sous la forme alphabétique et fournit sur chaque entrée les renseignements que voici: prononciation, catégories lexicale et grammaticale, équivalent(s) dans la langue d'arrivée [ou hétéronyme(s)], possibilités ou contraintes combinatoires dans les deux langues:

<pre>
entrée
transcription phonétique
catégorie lexicale
(catégorie grammaticale)
(marque d'usage)   ⌐   réitérable ⌐
                                      en cas de   réitéré en cas de
hétéronyme   synonymie   polysémie
séquence(s) (voir 16.1.1.) ⌐
</pre>

Ce qu'est la définition dans le dictionnaire monolingue, c'est la traduction de l'entrée dans le dictionnaire bilingue; dans les deux cas, il y a synonymie.

Nous avons affaire à un ouvrage de consultation qui se compose de deux parties, que nous indiquerons ainsi: E-M et M-E, où E signifie 'langue étrangère'; M, 'langue maternelle'. Se distinguant fonctionnellement, ces deux parties ne sont que partiellement symétriques ou réversibles. E-M est un instrument de version, nous permet de connaître et de comprendre la civilisation d'un peuple qui a fait d'autres expériences, qui prend intérêt à des choses qui nous sont peu familières, qui a connu une histoire différente. M-E sert au thème, rend communicable tout ce qui concerne le peuple auquel nous appartenons. Dans les deux cas, il y a traduction, mais en sens opposé. Le traducteur reproduit dans une langue cible ce qui a été énoncé dans une langue source, en tendant à l'équivalence sémantique et expressive des deux textes. Les deux parties du dictionnaire peuvent se compléter dans l'activité traduisante: dans E-M, on trouve souvent d'autres emplois de l'entrée traduite que ceux mentionnés par M-E. Le dictionnaire n'est jamais achevé, vu l'évolution perpétuelle de la société. La lexicographie embrasse tout ce qui existe et tout ce qui est pensable, tous les domaines de la vie infiniment diversifiée. Le lexicographe prend donc intérêt à tout, sans manquer de sens critique à l'égard des données mises à sa disposition. Le gigantisme du travail lexicographique, le temps disponible et l'accessibilité de l'information peuvent être des facteurs de frustration.

Par suite de l'évolution sociale et découragée par les échecs de l'enseignement, notre époque rejette les ouvrages linguistiques normatifs. Le linguiste de nos jours décrit la langue telle qu'elle a été créée par la communauté linguistique, heureusement sans qu'elle nous soit imposée dans sa totalité, parce que, très souvent, nous disposons d'un choix d'expressions qui nous permet d'éviter les mots et les combinaisons de mots rejetables. Mais pour autant que nous n'avons pas le choix, la langue est tyrannique. D'autre part, le linguiste ne doit pas cacher les incertitudes, les hésitations de la réalité linguistique. Aucun linguiste n'est en droit d'imposer son goût personnel, à moins que celui-ci ne coïncide avec celui de la majorité. Bien que les masses parlantes et écrivantes se soient peu souciées des anathèmes des puristes, un purisme judicieux contribue au perfectionnement de la langue; les grammaires et les dictionnaires bien faits et utilisés d'une manière sensée améliorent la qualité de la communication. Avouons, du reste, qu'il importerait de libérer la langue de contraintes dont personne n'a besoin.

La méthode descriptive donne des résultats différents en fonction de l'étendue et de la nature du corpus dont on part. La composition du corpus témoigne, au cours de l'histoire, tantôt d'un rigorisme intransigeant, tantôt d'une permissivité qui va jusqu'au laxisme, tantôt d'une attitude équilibrée.

1.2. La traduction est-elle possible? Demandons-nous d'abord ce qu'il faut entendre par *traduction*. Nous proposons la définition suivante: remplacement de porteurs de sens simples et complexes en Ls par des porteurs de sens équivalents en Lc dans l'ordre exigé par la syntaxe de Lc, avec addition des éléments vides de sens mais dont la présence est grammaticalement obligatoire en Lc, et avec élimination des lexèmes inusités en Lc mais dont le sens ressort du contexte, le tout en considération des registres de langue en Ls (choix des mots, construction des phrases). Le mot à mot est souvent condamnable. En principe et linguistiquement parlant, on ne devrait pas reconnaître Ls dans un texte rédigé en Lc.

Dans le discours, on perçoit, du point de vue syntaxique, quatre unités: phrase, proposition, groupes de lexèmes, lexème. Cela vaut pour de nombreuses langues. Cependant, une phrase ou un groupe de lexèmes en Ls ne correspond pas toujours à une phrase ou à un groupe de lexèmes en Lc, et inversement; et si tel lexème en Ls trouve son équivalent traductionnel dans un lexème en Lc, il n'y a pas toujours équivalence grammaticale. Exemples (angl. — fr.):

I wish | I knew the man | who wrote that book	je voudrais connaître l'auteur de ce livre

    la phrase complexe anglaise contient trois propositions: une principale, une subordonnée substantive et une subordonnée adjective; mais elle équivaut ici à une phrase simple en français

the house that Jack built   la maison bâtie par Jean
  la proposition relative anglaise n'est pas représentée telle quelle dans l'énoncé français

forward   en avant   lexèmes en anglais
puzzle   question difficile   groupes de lexèmes en français

you never can tell   on ne sait jamais
  pron. pers. de la 2ᵉ pers. en angl., de la 3ᵉ pers. en fr.

his daughter is seven   sa fille a sept ans
  verbe copulatif en anglais, verbe transitif en français

Le néerlandais et le français ont des systèmes déictiques différents:

	NEÉRLANDAIS			FRANÇAIS		
	sing.		plur.	sing.		plur.
sémantisme	masc. et fém.	neutre		masc.	fém.	
proximité	*deze*	*dit*	*deze*			
				ce, cet	cette	ces
éloignement	*die*	*dat*	*die*			

Les deux systèmes comptent quatre formes graphiques: *deze, dit, die, dat* vs *ce, cet, cette, ces*, mais le français a une forme phonique de moins et la distribution sémantico-syntaxique est toute différente dans les deux langues. Les adjectifs démonstratifs français embrassent virtuellement les sens exprimés en néerlandais par des formes distinctes; l'actualisation de ces sens dépend dans la langue romane du contexte. À l'inverse, cette langue distingue *oui* et *si*, tandis que le néerlandais et l'anglais ne disposent respectivement que de *ja* et *yes* sans en être embarrassés (cf. Catford, 1965: 37, 41). Le seul pronom anglais *you* correspond à *tu* ou *vous* en fr., à *jij, jullie* ou *u* (forme de politesse) en néerl.

Ajoutons un autre exemple de distributions différentes:

IMPARFAIT	PASSÉ SIMPLE
état, action sans aucune délimitation de durée	
action répétée (habituelle), mais on ne voit ni le début, ni la fin de la série d'actions	valeur itérative, pourvu que l'on voie le début et la fin de la série d'actions
imparfait narratif (plus ou moins concurrent du passé simple)	totalité de l'action (temps du récit, où plusieurs actions se succèdent)
passé récent	
futur proche	
valeur du conditionnel (passé)	
irréalité	
imparfait de discrétion (valeur du présent)	

Le français possède en ce cas deux ensembles de formes verbales là où il n'y en a qu'un en néerlandais, le *onvoltooid verleden tijd*, qui ne suffit pas à recouvrir toutes les valeurs de l'imparfait et du passé simple. En néerlandais, la fréquence est indiquée par le contexte (traduire consiste souvent à fournir un contexte adéquat). La phase de l'action se révèle par l'emploi ou l'adjonction d'un autre verbe: il eut faim *hij* **kreeg** *honger* (*avoir* est l'équivalent du néerl. *hebben*; *krijgen* signifie 'commencer à avoir'). Il fumait *hij zat* (de *zitten* 'être assis') ou *stond* (de *staan* 'être debout') ou *lag* (de *liggen* 'être étendu') *te roken, hij was aan het roken* ('il était à fumer'); il écrivait *hij was bezig met schrijven* ['il était occupé à (en train d') écrire'; cf. l'angl. *he was writing*]. En d'autres cas, le néerlandais recourt à une forme située ailleurs dans la conjugaison, p. ex.: nous partions *wij waren juist vertrokken* (passé récent) ou *wij zouden juist (wij stonden op het punt te) vertrekken* (futur proche). Sans moi, elle laissait éteindre le feu *als ik er niet geweest was, zou zij het vuur uit hebben laten gaan* ('si je n'avais pas été là, elle aurait laissé éteindre le feu'). Il y a d'ailleurs une complication de plus, c'est la connotation littéraire du passé simple, mort en français commun, qui le remplace par le passé composé. L'imparfait et le passé simple évoquent dans une certaine mesure l'*imperfetto* et le *passato definito* italiens, l'*imperfecto* et le *pretérito definido* espagnols.

Les langues qui connaissent l'article, ne s'en servent pas toujours de la même façon:

je veux me faire officier	angl.	*I want to be an officer*	zéro vs art. indéf.
elle a la jambe cassée		*she has a broken leg*	art. déf. vs art. indéf.
l'amitié vaut mieux que l'argent		*friendship is more valuable than money*	art. déf. vs zéro
de la bière		*beer*	art. partit. vs zéro

Lors même que les constituants d'une phrase se retrouvent tous en Lc, il n'est pas impossible d'y déceler certaines différences par rapport à Ls:

ce pantalon est sale	angl.	*these trousers are dirty*	(catégorie grammaticale du nombre)
elle monte un cheval blanc		*she rides a white horse*	(succession des constituants: en angl., le déterminant précède plus souvent le déterminé qu'en fr.) Etc.

Force est de respecter les contraintes grammaticales propres à chaque langue. Ainsi les distinctions de genre sont généralement redondantes du point de vue sémantique, mais on ne peut éviter d'en tenir compte quand il est question de l'accord adjectival et de la référence pronominale. Nous pensons au français, à l'italien et à l'espagnol (deux genres), au grec, au latin, au néerlandais, à l'allemand et au russe (trois genres), aux langues bantoues (qui en ont beaucoup plus); l'anglais a, cependant, un système d'accord relativement peu développé (cf. Lyons, 1970: 185, 219, 221).

Pour la reproduction d'énoncés rédigés dans un dialecte, un patois ou un argot de Ls, on pourrait choisir un dialecte, un patois ou un argot plus ou moins comparable en Lc.

Le fait que tout système linguistique renferme une organisation particulière du monde extérieur, un découpage de la réalité qui lui est propre, semble destructeur de la possibilité de traduire. Le lexicologue pense e.a. à la nomination des couleurs. Et il y a les institutions, les usages et les objets que l'on trouve chez d'autres peuples et pour lesquels la langue cible ne possède pas de terme adéquat, en sorte que des voyageurs ont importé les concepts en question avec les noms que leur a donné la langue source, ceux qu'on a appelés «termes de relations» (Quemada, 1967: 309). Le fait suivant augmente également les difficultés traductionnelles: la morphologie ne structure le lexique que partiellement; une grande partie reste donc non-systématique. À l'hétérogénéité des lexiques, il faut ajouter celle des syntaxes, qui fait également obstacle à la traduction.

Qu'est-ce qu'on entend d'ailleurs par *intraduisibilité*? Beaucoup de personnes estiment intraduisibles les mots qui, dans la langue cible, n'ont pas comme équivalent une unité lexicale ni même une courte périphrase, tolérée de temps en temps. La traduisibilité a certainement ses degrés et ses limites. Comment traduirait-on un texte didactique dans une langue peu évoluée? On ne saurait traiter un sujet scientifique dans une langue pauvre: tant que le français était insuffisamment développé, les savants se servaient du latin; et de nombreux Amérindiens recourront à l'anglais dès que leur langue indigène fait défaut. Dans un cas tout à fait différent, on se heurte également à une impossibilité: le plus souvent, on ne réussira pas à traduire un énoncé voulu ambigu. Comment rendre en anglais, en allemand ou en néerlandais *je préfère cette cuisinière-là*, en gardant la double interprétabilité?

Ce sont surtout les théoriciens de la langue qui s'occupent de l'intraduisibilité. Malgré des exagérations et l'abus de la généralisation, leur théorie est utile: elle éclaire la problématique traductionnelle, nous fait pénétrer plus profondément l'instrument de communication qu'est la langue, exhorte le traducteur à la prudence, à une attitude critique, le pousse à la recherche de meilleures solutions. Malheureusement, la théorie de l'intraduisibilité est bâtie sur des exceptions et des échecs traductionnels.

Praticiens, les lexicographes partent évidemment de la possibilité de passer d'une langue à une autre langue, tout en reconnaissant ses limites. Comme le dit M. Cohen (cité par Mounin, 1963: 178): «l'individu n'est pas prisonnier de sa langue maternelle» («Faits linguistiques et faits de pensée» in *Journal de Psychologie normale et pathologique*, Paris, 1947, n° 4, p. 386). Heureusement! puisque l'activité traduisante gagne en importance par suite de l'intensification des relations internationales.

S'hypnotisant sur la part non communicable des messages (cf. Mounin, 1963: 173), on se prive de la communication interlinguale, tandis que, depuis l'antiquité, des peuples hétéroglottes se sont compris, ont transposé des textes dans une autre langue. Depuis des siècles, on connaît des dictionnaires bilingues et multilingues, des grammaires destinées aux étrangers. Bref, la pratique de la traduction prouve la possibilité de la traduction (Mounin, 1963: 271). Si la traduction mot à mot n'est pas possible, on recourt à la traduction libre: à défaut d'unités lexicales équivalentes, on peut ajouter un adverbe au verbe, un adjectif au substantif, composer des phrases équivalentes. C'est pourquoi le dictionnaire doit offrir, dans la mesure du possible, les unités de traduction dont l'utilisateur a besoin. Traduire librement, cela n'implique pourtant pas une liberté illimitée: on est toujours obligé de rendre fidèlement, sans rien ajouter ni supprimer, ce que le parleur ou le scripteur a voulu dire. Avouons que la fidélité requise ne peut être absolue puisque la langue cible est le véhicule d'une autre civilisation; et il est souvent difficile de reproduire l'énergie du mot propre original, la musicalité, la rapidité, l'éclat du texte traduit (cf. Mounin, 1963: 169). La traductibilité a ses degrés: en général, une poésie sera plus malaisée à traduire que le procès-verbal d'une séance parlementaire. Dès que la traduction devient un art, qu'elle demande du talent, les deux instruments du traducteur, le dictionnaire et la grammaire, font défaut. Toutefois, rien n'est incommunicable si l'on passe d'une langue donnée, suffisamment connue, à une langue suffisamment connue et riche. En effet, les difficultés à surmonter sont moins grandes si l'on traduit dans une langue riche parce que celle-ci représente une culture hautement développée.

Encouragés par des journalistes et conséquemment par des éditeurs, certains lexicographes bannissent *systématiquement* la périphrase, se contentant d'à-peu-près que le sémanticien et le lexicologue rejettent. En fait, ils trompent le public. Ils devraient réaliser qu'un couple de langues ne consiste pas en deux répertoires d'unités lexicales équivalentes, représentant chacune exactement le même concept que l'unité correspondante. Il importe d'éviter les lourdeurs, cela va de soi. Mais pourquoi exclure toute périphrase? La traduction a pour but la communication, réalisée aussi, en cas de nécessité, à l'aide d'une périphrase ou même d'une exlication.

La rédaction d'un dictionnaire bilingue où l'une des deux langues est une langue artificielle bien composée, est moins difficile que celle d'un dictionnaire où deux langues naturelles sont en jeu. N'a-t'on pas tenté à plusieurs reprises, pour améliorer la communication internationale, de créer une langue comptant un minimum de règles morphologiques et syntaxiques, où chaque mot a un sens bien déterminé, où la combinaison des unités significatives est parfaitement systématique, où l'irrégularité est inexistante? Mais on a tendu vainement vers l'idéal d'une lange mondiale dépourvue de tous les inconvénients propres aux langues naturelles; en effet, l'espéranto, qui a connu un plus grand succès que tous ses rivaux, n'est employé, dans le monde entier, que par quelques centaines de milliers de personnes.

1.3. On ne saurait se passer du mot, porteur du concept. Le point de départ de la majorité des articles de dictionnaire, c'est le mot, signe graphique inséparable de ce à quoi il renvoie et dont une certaine connaissance est indispensable. Fonctionnellement, le terme synaptique (*bonne d'enfants*) ne diffère pas du mot (*nurse*), étant également une unité significative qu'on met au jour par la commutation.

Dans la signification du mot, on distingue un élément stable et objectif, la dénotation, à côté d'un élément variable (selon les contextes) et subjectif, la connotation. Celle-ci, la reproduction des valeurs affectives et expressives, pose au traducteur plus de problèmes que l'élément purement rationnel de la signification.

Inutile d'insister sur le rôle capital de la définition opérationnelle, mise à profit par l'auteur du dictionnaire bilingue, qui s'appuie sur le dictionnaire monolingue en vérifiant la concordance de deux séries de traits sémantiquement pertinents.

Les particules vides de sens, dont la présence est due seulement aux contraintes syntaxiques, réduisent l'activité traduisante à rien:

```
1 2 3        4                1 2 4 3
si j'étais de vous,   en néerl.    als ik u was
```

C'est par une approche respectivement lexicale et syntaxique que le dictionnaire et la grammaire permettent la traduction à ceux qui connaissent imparfaitement la langue en cause. Cela n'implique pas qu'il faut écarter entièrement la syntaxe du dictionnaire; car la solution d'innombrables problèmes syntaxiques, on la trouve souvent plus vite ou même uniquement dans le dictionnaire; en outre, un bon dictionnaire aide le traducteur à varier le style, non seulement en mentionnant des synonymes (dont ceux qui sont plus précis et plus colorés méritent une attention particulière), mais encore en signalant des variantes constructionnelles, surtout celles qui diffèrent dans les deux langues.

Quant aux différences constructionnelles, analysons l'exemple suivant (cf. Mounin, 1963: 55): il traversa la rivière à la nage, en angl. *he swam across the river*. L'agent et l'objet ne diffèrent pas dans les deux langues. À l'opposé du verbe concret anglais, le verbe abstrait français a besoin d'être précisé par le contexte: à la nage. De plus, un même concept est représenté en français par un verbe (traversa), en anglais par une préposition (*across*). Citons encore André Martinet (1980: 18-19): «Dans les circonstances où un Français dira *j'ai mal à la tête*, un Espagnol articulera *me duele la cabeza*. Dans un cas, le sujet de l'énoncé sera celui qui parle, dans l'autre la tête qui souffre; l'expression de la douleur sera nominale en français, verbale en espagnol et l'attribution de cette douleur se fera à la tête dans le premier cas, à la personne indisposée dans le second. Peu importe que le Français puisse aussi dire *la tête me fait mal*. Ce qui est décisif, c'est que, dans une situation donnée, le Français et l'Espagnol auront naturellement recours à deux analyses complètement différentes.»

2. NOTICE HISTORIQUE

Nous empruntons les données requises pour la composition de cette notice surtout à l'autorité qu'est Bernard Quemada dans ce domaine (1967: 40-73 et 102-126).

2.1. La lexicographie bilingue (dont la monolingue est issue).

Les dictionnaires bilingues furent réciproques ou non. Une des langues qui entrent en jeu est une langue ancienne, surtout le latin, ou une langue vivante comme l'autre. Le grec figurera seulement dans les recueils bilingues au XIXe s. Les bilingues latins abondèrent; les premières impressions datent du XVe s.

2.1.1. Signalons une oeuvre originale importante, le *Thesaurus latin-françois* (1531) de R.Estienne, qui remonte aux sources, s'appuie sur des autorités reconnues (grammairiens et auteurs classiques) et ne confond pas le dictionnaire avec l'encyclopédie. L'élément français, qui sert à faciliter la consultation, s'accroît avec chaque renouvellement (locutions, idiotismes, définitions). Son pendant, le *Dictionnaire françois-latin* (1539) fut une innovation capitale: pour la première fois, un dictionnaire contient l'ensemble des mots de la langue, le dictionnaire extensif est né et son enrichissement se poursuivra de manière ininterrompue. Avant cette date, on ne disposa que de relevés partiels: glossaires bilingues destinés aux écoles, qui enregistraient les mots savants, et glossaires bilingues destinés aux voyageurs, particulièrement les commerçants, où l'on trouvait les mots courants et familiers (cf. Wagner, 1967: 123). À partir de 1536, le *Thesaurus* perdit graduellement tous ses éléments français. «Chacun des deux répertoires acquit ainsi son objet propre et confirma son autonomie» (Quemada, 1967: 63).

Les dictionnaires bilingues rendirent jusqu'à 1680 les services qu'on attendrait d'un ouvrage monolingue. L'introduction, dans des proportions de plus en plus élevées, du français jusqu'à la substitution complète au latin les fit évoluer lentement vers le dictionnaire monolingue.

On distingue deux catégories de dictionnaires bilingues: 1. ceux qui ont deux nomenclatures d'importance égale et qui préfigurent le dictionnaire bilingue moderne; 2. ceux qui n'ont qu'une macrostructure à entrées françaises, où la langue étrangère fait seulement fonction de langue auxiliaire, et qui sont tous destinés à un public étranger, de formation classique en général (XVIIe et XVIIIe ss.); la langue étrangère était le plus souvent le latin, langue internationale stable et que l'on apprenait dès l'enfance. Les dictionnaires de la seconde catégorie se rapprochèrent progressivement des dictionnaires monolingues français, p. ex. le *Thresor* de Nicot (1606). On les appelle semi-bilingues et même faux bilingues si le rôle de l'une des deux langues est devenu infime. Les remaniements du dictionnaire de R.Estienne illustrent bien le développement des semi-bilingues. Les dictionnaires monolingues français ont recouru au latin jusqu'à la fin du XVIIIe s., e.a. pour désambiguïser les polysèmes; exemples: ceux de Richelet (1680), de Furetière (1690), des pères jésuites de Trévoux (qui, remontant au Furetière, a été publié tout au long du XVIIIe s.; exemple typique d'un faux bilingue). Il est évident que l'impossibilité de traduire correctement dans la langue morte s'accrût avec la multiplication des entrées.

2.1.2. Dictionnaires français — langues vivantes.

À l'exception des répertoires plus anciens français-flamand et français-anglais, les multilingues à entrées latines ont précédé les bilingues à partir du XVIe s. Certains bilingues procèdent d'une réduction du nombre de langues enregistrées dans un multilingue. Les dictionnaires bilingues des principales langues européennes étaient publiés avant 1600. Ils consignent en premier lieu les mots usuels et pratiques; ils relèvent aussi les néologismes avec moins de réticences, et certains d'entre eux s'ouvrent largement aux termes populaires et argotiques. En pleine période classique, les dictionnaires bilingues échappent à l'épuration. Quelques dictionnaires bilingues offrent un ensemble lexical plus abondant que celui des monolingues les plus riches de la fin du XVIIe s. La méthode appliquée devient de plus en plus rigoureuse. La plupart des répertoires bilingues de termes techniques suivent la formule à entrée unique.

S'inspirant largement de J.Nicot, *Thresor de la Langue françoise, tant ancienne que moderne* (Paris, 1606), R.Cotgrave a composé *A dictionarie of the French and English tongues* (Londres, 1611), qui contient, outre le secteur courant, des termes scientifiques, techniques, populaires, néologiques, archaïques, dialectaux, ainsi que locutions et proverbes; Cotgrave consigne une grande part du vocabulaire du XVIe s. qui manque partout ailleurs (Wagner, 1967: 110); ainsi sa nomenclature est la plus riche avant celle de Furetière.

D'une part, on assiste au développement de l'article lexicographique dans le dictionnaire bilingue (nombre croissant d'indications d'emploi, de collocations, d'exemples); de l'autre, des vocabulaires rudimentaires aux simples juxtapositions de mots en deux langues perpétuent au XVIe s. les traditions médiévales.

2.2. La lexicographie multilingue.

Du début du XVIe à la fin du XVIIe s., on voit paraître de longues séries de rééditions de dictionnaires multilingues à classement alphabétique unique. La plupart proviennent d'un bilingue, soit par fusion de deux ou plusieurs bilingues existants, soit par l'apport (souvent imputable à un ou plusieurs autres lexicographes) d'une ou plusieurs autres langues. On les dénomma de préférence *vocabulaires* ou *nomenclatures*. Le choix des langues resta le facteur essentiel de réussite. La langue d'entrée est le plus souvent le latin. La macrostructure est limitée. Les articles sont peu développés (en général, il y a simple juxtaposition d'une entrée et d'un hétéronyme). Le plagiat est de règle, ce qui a provoqué des querelles.

Le plus célèbre des dictionnaires multilingues est indubitablement le *Calepin*, qui a vu le jour comme bilingue latin-grec en 1502 et qui a été réédité avec un très grand succès dans plusieurs pays d'Europe jusqu'à la fin du XVIIIe s.; la version de 1588 en onze langues (latin, grec, hébreu, italien, français, espagnol, allemand, flamand, anglais, polonais, hongrois) a été la plus développée (cf. Wagner, 1967: 121).

Les faux trilingues sont, à proprement parler, des bilingues réciproques, où la troisième langue ne participe pas au mécanisme de réciprocité.

La publication de dictionnaires multilingues originaux connut une chute brutale après 1600; c'est que le public va leur préférer une lexicographie bilingue plus moderne et mieux développée.

L'essor que prennent les voyages et les échanges au XIXe s., est à l'origine de la reprise des dictionnaires multilingues, faits alors par des auteurs plus qualifiés.

2.3. Les intitulés.

Quant à la catégorisation des dictionnaires plurilingues, les intitulés des dictionnaires d'autrefois peuvent nous induire en erreur: tantôt on annonce une langue peu représentée, tantôt on ne fait aucune mention d'une langue bien représentée.

2.4. La transcription phonétique.

Dans la seconde moitié du XVIIIe s., plusieurs décennies avant qu'on ne les rencontre systématiquement dans les dictionnaires monolingues, des indications phonétiques paraissent dans les bilingues afin de faire connaître la prononciation des mots étrangers. Les dictionnaires anglais-français ont été les premiers à pratiquer méthodiquement les notations phonétiques, qui étaient encore peu satisfaisantes, faute de se détacher de l'orthographe traditionnelle, munie de nombre de signes diacritiques. Dans certains systèmes, la transcription est plus compliquée que la graphie usuelle. Aussi elle se heurte à une résistance quasi générale et la plupart des lexicographes n'ont pas voulu se servir d'un code rebutant le public. L'alphabet phonétique international, créé en 1888, puis mis à jour et perfectionné au cours de longues années, va être utilisé seulement dans les dictionnaires de la seconde moitié du XXe s.

2.5. Schéma.

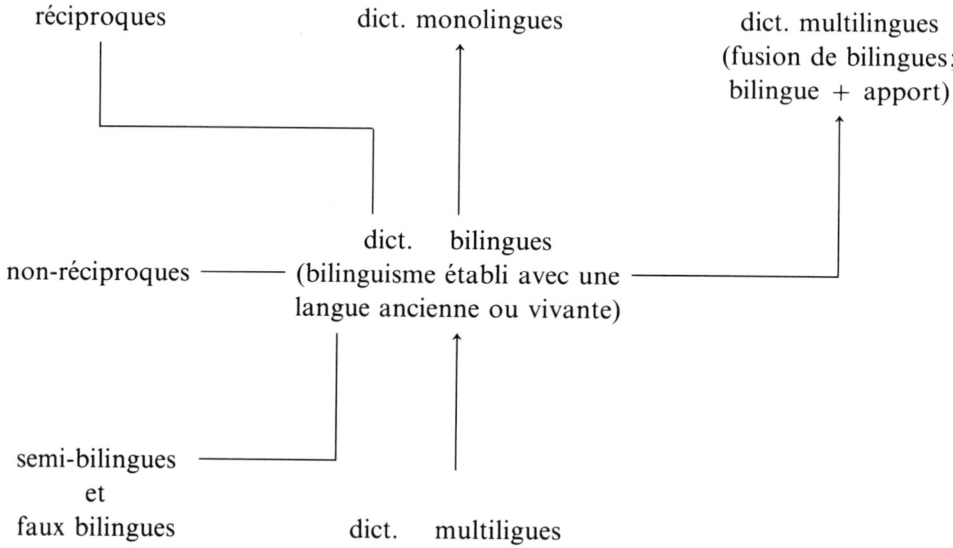

3. L'ORGANISATION DES TRAVAUX LEXICOGRAPHIQUES

3.1. Une bonne organisation précédant la confection proprement dite du dictionnaire assurera le succès de l'entreprise. On peut l'envisager sous deux aspects: le personnel et le matériel.

3.2. La composition d'un dictionnaire extensif de haute qualité exige la collaboration d'une équipe lexicographique, dirigée par un chef compétent, responsable de l'ensemble des travaux et à qui appartient la décision finale, eu égard aux arguments des rédacteurs qu'il a choisis en nombre suffisant et dont il coordonne les activités.

Il importe de disposer de rédacteurs spécialisés: au moins un qui s'occupe du lexique commun, plusieurs rédacteurs chargés des terminologies techniques, un rédacteur pour les secteurs sociologiquement particuliers de la langue (l'argot, etc.) et enfin un phonéticien.

Force sera de grouper certaines terminologies techniques se rapportant à des domaines de connaissance apparentés. On assignera soigneusement à chacun sa tâche, tenant compte de ses capacités spéciales et de ses préférences. La correction et la complétion de leurs textes seront également bien organisées.

Il est nécessaire que tous les membres de l'équipe soient théoriquement préparés au travail qui les attend, qu'ils se soient familiarisés avec les diverses disciplines lexicologiques et les techniques traductionnelles (voir la préface). Plusieurs problèmes pratiques seront abordés dans ce livre.

Il est plutôt rare que le lexicographe maîtrise la langue étrangère aussi bien que sa langue maternelle. C'est pourquoi, en général, il fait bien de confectionner la partie E-M avant la partie M-E parce qu'ainsi il recueille beaucoup d'informations indispensables (mots autrement représentés chez lui par une périphrase) lors de la composition de la seconde partie.

3.3.1. Il est nécessaire que l'équipe dispose d'une bonne bibliothèque adaptée aux besoins de lexicographes bilingues. Elle contiendra:
1. les meilleurs dictionnaires monolingues dans la langue d'entrée et la langue de sortie;
2. des dictionnaires du langage non conventionnel;
3. toutes sortes de dictionnaires scientifiques et techniques (particulièrement ceux qui sont illustrés);
4. des encyclopédies;
5. toutes sortes de manuels et de monographies;

6. des catalogues d'entreprises qui vendent jusqu'à des dizaines de milliers d'articles, de préférence ceux qui représentent photographiquement et en couleurs les objets en question; mentionnons tout particulièrement les catalogues publiés par le commerce du vêtement [dans cet ordre d'idées, nous pensons à Josette Rey-Debove (1971: 108) qui constate que le vocabulaire des objets usuels et de la mode est sacrifié dans les dictionnaires monolingues];

7. ajoutons même l'annuaire des téléphones pour l'épellation des noms propres.

Nous avons éprouvé tant de fois la nécessité d'utiliser les dictionnaires spécialisés critiquement, parce qu'ils ont été faits presque toujours sans la collaboration d'un lexicographe, sans voir clair dans la problématique linguistique et lexicologique, ce qui peut avoir des conséquences fâcheuses.

La bibliothèque ne résoudra pas toutes les questions; il sera donc nécessaire d'avoir des relations suivies avec des spécialistes de tout poil.

3.3.2. L'emploi de fichiers au piètement muni de roulettes pivotantes recule devant celui des dispositifs dotés d'une mémoire vive (c.-à-d. à informations modifiables). L'informatisation de la lexicographie nous offre de notables avantages des points de vue de la complétion, de la vérification, de la correction, du traitement ultra-rapide de données (après leur collecte et l'alimentation de la mémoire). On a directement accès au seul renseignement recherché, qu'on lit sur l'écran cathodique ou de visualisation, qui facilite en outre la mise en page. La technologie sophistiquée d'aujourd'hui nous permet d'insérer, de déplacer, de remplacer, d'effacer et de marquer des fragments de texte de manière souple. Grâce au marquage de fragments de texte, on peut communiquer à la machine des instructions, qui seront exécutées automatiquement avec une très grande vitesse. Installé au pupitre de commande, l'opérateur intervient manuellement pour pourvoir à l'alimentation de la machine en données à traiter. Il utilise le clavier aussi pour consulter la mémoire (qu'il s'agisse d'une donnée particulière ou d'une série de données triées) et obtenir certains résultats. À présent, il est plus facile de suivre l'évolution d'une langue et de tenir à jour le dictionnaire, publiable au moment voulu (une presse peut être connectée à l'ordinateur).

Ce que l'on pourrait appeler l'*heuristique lexicologique* a pour objet la découverte des hétéronymes (équivalents des entrées dans une autre langue), des groupes de mots figés et des possibilités combinatoires dans la langue étrangère. Afin de faciliter cette découverte, le lexicographe bilingue compose d'abord certaines banques de données informatisées, à chaque instant modifiables et consultables (beaucoup plus tard seulement, il se mettra à la rédaction des articles lexicographiques, qui ne constitue que la dernière étape du travail avant la correction de l'ensemble). Il effectue la collecte de toutes les catégories de données nécessaires, puisant aux sources indiquées sous 3.3.1. pour dresser un certain nombre de répertoires, qui seront stockés dans une mémoire électronique à grande capacité (disques magnétiques amovibles), savoir:

<table>
<tr><td rowspan="3">eu égard aux
hétéronymes</td><td>A.a.</td><td>un répertoire de domaines de connaissance</td></tr>
<tr><td>b.</td><td>les sous-répertoires ou champs sémantiques qui en font partie [on devra se contenter d'une organisation pragmatique des matériaux, parce que nous sommes ici loin de l'absolu; l'élaboration de champs sémantiques (réseaux de relations lexicales) se fera en fonction de la nature du dictionnaire]</td></tr>
<tr><td>B.</td><td>un lexique fournissant sur chaque entrée certaines informations d'ordre métalinguistique [catégorie lexicale et grammaticale, définition(s), conditions d'emploi, construction(s)]</td></tr>
<tr><td></td><td>C.</td><td>un répertoire de groupes de synonymes analysés rigoureusement en tant que tels, où l'utilisateur est renseigné sur les différences sémantiques, expressives et sociolinguistiques (chaque groupe ne figure qu'une fois dans le répertoire; un système de renvois aux mots chefs de file vous permet d'obtenir les renseignements requis d'ordre synonymique sur toutes les unités lexicales en cause)</td></tr>
</table>

<table>
<tr><td rowspan="2">eu égard aux
séquences</td><td>D.</td><td>un répertoire de contraires, antonymes et réciproques</td></tr>
<tr><td>E.</td><td>un répertoire de séquences (voir 16.1.1.) modifiables ou intangibles (locutions, proverbes), en particulier celles auxquelles les sujets parlant une autre langue ne s'attendent pas (un système de renvois prévient les réitérations)</td></tr>
</table>

Les répertoires indiqués ci-dessus peuvent être alphabétisés par l'ordinateur à partir d'unités lexicales représentatives et de celles qui sont l'objet d'un renvoi.

Dès que l'on dispose des répertoires susmentionnés, on procède aux opérations suivantes :

A. on choisit successivement le domaine de connaissane (a.) et le champ sémantique ou regroupement thématique (b.) qui correspondent à l'entrée à traiter

B. on choisit, dans ce champ sémantique, les unités lexicales qui entrent probablement en ligne de compte quand il s'agit de comparer les définitions en deux langues et les niveaux de langue (il faut connaître exactement les limites du concept qui risque d'être confondu avec une ou plusieurs autres notions, trouver le mot juste, éviter une périphrase non nécessaire); ensuite on choisit le meilleur hétéronyme de l'entrée dans tel ou tel sens; l'opération se répète si l'entrée est polysémique

C. après avoir consulté le répertoire de groupes de synonymes, on ajoute, pour des raisons de variation stylistique, le(s) synonyme(s) acceptable(s) des points de vue du sémantisme et du fonctionnement social de la langue

D. comme, sur le plan des séquences, la variation stylistique se réalise e.a. en tirant profit de l'existence de contraires, p. ex.:

<table>
<tr><td>j'ai acheté un livre ancien d'un bouquiniste
un bouquiniste m'a vendu un livre ancien</td><td>réciproques</td></tr>
<tr><td>mon salon est plus petit que le vôtre
votre salon est plus grand que le mien</td><td>antonymes</td></tr>
</table>

on consulte le répertoire de contraires

E. afin de renseigner l'utilisateur du dictionnaire sur les possibilités, impossibilités et contraintes collocationnelles, le lexicographe ajoute des unités translexicales, puisées dans le répertoire de séquences.

4. L'AVERTISSEMENT AU LECTEUR

4.1. Pour plus d'une raison, il est nécessaire de pourvoir le dictionnaire bilingue d'un avertissement au lecteur: celui-ci ignore certains faits qu'il devrait savoir, il se méfie à tort de certaines traductions, etc.

Pour des raisons d'ordre phonético-orthographique, l'attention de l'élève débutant devrait être attirée, p. ex., sur l'existence de paronymes tels que **aveuglement** vs **aveuglément**; sinon, il croirait peut-être avoir affaire à des coquilles.

Les attentes de nombreux usagers du dictionnaire qui n'ont pas reçu une solide formation linguistique, sont parfois déçues. Ils pensent que la traduction d'une entrée ne peut être qu'un hétéronyme, que chaque traduction qu'on propose est prête à servir sans la moindre modification, qu'elle rend directement et simplement tout ce qui se trouve renfermé dans l'unité lexicale à traduire, que certaines séries de traductions prêtent à la critique eu égard à la réunion des hétéronymes, que les spécialistes se verront obligés de rejeter bien des traductions, que le dictionnaire ne se garde pas toujours de blesser un groupe social, que le classement des sens reflète fidèlement une évolution séculaire, qu'on ne doit jamais consulter le dictionnaire sans fruit lors même que sa langue maternelle n'est pas celle de l'auteur du dictionnaire et du public visé.

Que le dictionnaire ne réponde pas toujours aux attentes des usagers est peu satisfaisant, mais le contraire est impossible. C'est pourquoi le public devrait connaître les restrictions inhérentes à la traduction, à la version, au dictionnaire plurilingue. Il convient donc de dissiper les malentendus auxquels nous venons de faire allusion. Qu'on explique au lecteur la problématique en question d'une manière compréhensible, et le dictionnaire sera mieux accueilli.

4.1.1. L'utilisateur moyen du dictionnaire s'attend à voir juxtaposé à toute entrée un hétéronyme; il ne se rend pas compte du fait que la langue cible manque assez souvent d'un hétéronyme parfaitement synonyme et que le lexicographe est alors réduit à proposer une périphrase. D'autre part, il se peut que l'hétéronyme fourni doive être précisé ou modifié par l'environnement.

4.1.2. Certaines traductions requièrent une transformation: **rappelable** en néerl. *die weer onder de wapenen kan worden geroepen* 'qui peut être rappelé sous les drapeaux'. Cet énoncé demande une suppression et une modification de l'ordre des mots quand l'équivalent de l'adjectif français fait fonction d'attribut puisque la relative ne remplit jamais cette fonction:

    1   2   3   4
mijn jongere broer kan weer onder de wapenen worden geroepen

    1   3   2   4
mon frère cadet est rappelable.

L'identité sémantique et stylistique ne suffit donc pas toujours à utiliser une traduction telle quelle. Mainte traduction théoriquement destinée à servir dans un nombre de cas illimité a besoin d'être adaptée dans un contexte donné pour des raisons syntaxiques: **retentissant** en néerl. *die v e e l opzien baart*; un deuxième succès encore plus retentissant *een tweede succes dat nog m e e r opzien baart*: l'adjonction dans la langue source entraîne la substitution d'un déterminant dans la langue cible (le comparatif de supériorité de *veel* étant *meer*).

4.1.3. Phonétique. Le dictionnaire est capable de nous renseigner sur la langue parlée et de la représenter au moyen de signes graphiques, mais non sans être sujet aux restrictions inhérentes à l'écriture. Sous l'angle de l'expressivité phonique, le néerlandais est une langue riche. Cette expressivité ne se reflète pourtant guère dans l'écriture, ce qu'il serait absurde de reprocher au lexicographe.

Ainsi l'allemand et le néerlandais tirent parti de l'intonation, du rythme et de l'accent dans des phrases où le français se voit dans la nécessité d'exploiter le lexique: mon soulier *à moi, c'est … qui* ou *que*, etc. *Espèce de* renforce une injure, une qualification péjorative (GR): espèce d'idiot! espèce de mufle! en néerl. *idioot! lomperik!* L'effet produit par *espèce de* est obtenu en néerlandais en scandant *i-di-oot*, en articulant avec une force particulière la première syllabe de *lomperik*, sans que cela ne se reflète dans les dictionnaires que nous avons consultés.

4.1.4. Syntaxe. Le dictionnaire est rebelle à consigner tous les cas d'hypostase, surtout s'il s'agit d'un passage en pleine évolution, p. ex., la substantivation de l'adjectif en français contemporain.

4.1.5. Sémantique. Maintes fois, le verbe français contient, à côté des éléments invariables d'un sémème, le sème virtuel 'pouvoir', exprimé en d'autres langues; or, il serait infaisable de le signaler à propos de chaque entrée présentant cette possibilité.

Quant aux noms d'institutions, le lexicographe les traduit en général par le nom d'une institution étrangère qui ressemble le mieux à celle désignée par l'entrée, comptant sur la compréhension d'un lecteur qui réalise qu'il n'y a pas deux institutions tout à fait identiques dans des pays différents.

4.1.6. Si un hétéronyme du même niveau de langue est inexistant, on cherche la traduction dans le secteur neutre, étant donné que le niveau de langue se dégage aussi du contexte.

4.1.7. De temps en temps, une série de traductions supposées approchantes éveille la méfiance du lecteur intelligent qui n'est pas linguiste; elles sont suspectes à ses yeux: le lexicographe doit avoir rédigé l'article en question en grande hâte et négligemment. Cependant, il est parfaitement possible que la rédaction lui ait pris bien du temps, qu'elle ait été faite avec soin et compétence. L'inexactitude apparente est alors attribuable soit à une réalité linguistique floue, soit aux possibilités contextuelles nuancées.

4.1.8. Peu importe que l'on condamne tel ou tel fait linguistique, le lexicographe contemporain l'enregistre, refusant le rôle de juge.

4.1.8.1. Si le sens scientifique ou technique d'une entrée n'est pas mentionné en raison de sa fréquence insuffisante, des spécialistes compétents dans n'importe quel domaine mais non linguistes désapprouveront certaines traductions imputables, à ce qu'ils croient, au dilettantisme du lexicographe. Ils ne tiennent pas compte de ce qu'un sens courant aux contours sémantiques estompés coexiste très souvent avec celui que les spécialistes ont en tête, que le langage banalisé est aussi réel que le langage spécialisé. Peut-être que, dans un dictionnaire puriste et normatif, le lexicographe n'aurait pas fait mention des emplois considérés comme rejetables ou qu'il les aurait qualifiés de critiquables. Mais la marque *abusivement* figure assez peu dans les dictionnaires de la seconde moitié du XXe s.

4.1.8.2. Le dictionnaire est un objet d'indignation lorsqu'on considère certaines entrées dans un de leurs sens comme injurieuses pour un groupe de la population, p. ex. **jésuite** 'personne qui recourt à des astuces hypocrites'. Il paraît indispensable d'expliquer que le lexicographe note les faits de langue d'une manière objective, sans que son adhésion ou sa désapprobation pèse dans la balance, et qu'on n'est pas en droit de lui reprocher que la communauté linguistique a fait la langue telle qu'elle est.

4.1.9. Le lexicographe qui pratique le classement de sens fondé sur des rapports logiques avertira son public qu'il peut être question de relations et de filiations purement idéelles; p.ex., «(…) les sens figurés (…) peuvent apparaître en français avant un sens propre ou un sens»étymologique«, repris plus tard» (GR: XXXII).

4.1.10. Une certaine insatisfaction générale vis-à-vis de la nomenclature appelle quelques remarques. Comme le dit Josette Rey-Debove (1971: 64), «quoi qu'en disent les préfaciers, il n'existe pas de dictionnaires dans lesquels le lecteur trouve à coup sûr le mot qu'il cherche», ce qui «fait du dictionnaire un objet particulièrement décevant.» Ailleurs elle affirme que chaque dictionnaire est plus ou moins accueillant à certains types de mots (op. cit., p. 80), que le vocabulaire des objets usuels et de la mode est sacrifié (p. 108). Les mots de haute fréquence ne posent pas de problèmes au lexicographe, ce sont ceux de fréquence moyenne et faible qui le font. Quels noms de vins ou de fromages faudrait-il choisir, p. ex., parmi les innombrables noms existants? La langue commune à tous les membres d'une communauté linguistique est un petit noyau entouré de nombreux langages spéciaux (du point de vue sociologique ou professionnel), très inégalement connus et usités. La seconde moitié du XIXe s. s'est caractérisée par «la course au plus grand nombre d'entrées» (GR: XXIV), mais le dictionnaire absolument universel n'a jamais existé, étant donné son impossibilité. Et, pour des raisons que nous ne saurions approfondir ici, la lexicostatistique n'a pas apporté la solution qu'on espérait; au contraire, elle donne une fausse impression de rigueur mathématique en matière de fréquences lexicales. Une dernière difficulté à exposer réside dans la création illimitée de composés, propre à des langues telles que l'allemand et le néerlandais, problème épineux s'il en est, capable de décourager le lexicographe le plus optimiste. Nous lui conseillons de fournir un petit nombre d'exemples opposant clairement les deux systèmes concernés; ses lecteurs finiront par comprendre qu'il est indispensable de maîtriser le système étranger en tant que tel et que la lexicographie ne pourrait jamais s'y substituer.

La locution française «il y a fagots et fagots», qui exprime une différence notable de qualité entre deux classes de personnes ou de choses, correspond à une infinité de traductions concrètes potentielles, qu'il est impossible de coucher dans le dictionnaire.

Que la langue soit en perpétuel devenir, c'est une loi immuable. L'évolution constante et accélérée de la société entraîne celle du lexique, consigné dans le dictionnaire avec quelque retard.

Les attentes des utilisateurs d'un dictionnaire diffèrent d'ailleurs d'un individu à l'autre, d'un groupe à l'autre; elles sont infiniment diversifiées.

4.1.11. Le dernier cas diffère des autres parce que les problèmes dont il s'agit ne découlent ni de la langue même ni de l'utilisation de l'écriture ni des connaissances lacunaires de l'usager du dictionnaire dans le domaine de la lexicologie.

Il est difficile de trouver un dictionnaire bilingue dont le rendement est égal dans les deux sens. C'est que le lexicographe passe fréquemment sous silence ce qu'il suppose connu du locuteur natif. Householder (1967: 47) a bien raison de dire: «Bookpublishers can scarcely be expected to take kindly to the thought, but it is nevertheless true that bilingual dictionaries should be titled in such a way that the language of the intended user is made clear, e.g. *French-English Dictionary for Americans* as against *French-English Dictionary for Frenchmen*.» La composition d'un dictionnaire général bilingue également utile aux locuteurs natifs et étrangers requerrait la collaboration de deux (équipes de) lexicographes dont les langues maternelles diffèrent, et augmenterait considérablement la taille de l'ouvrage, peut-être sans que la maison d'édition en écoule plus d'exemplaires, surtout quand une petite et une grande langue sont en jeu. Le prix exorbitant du «ideal bilingual dictionary» (Householder, ibid.) explique son absence.

4.2. En conclusion, il serait à souhaiter que le public (surtout le lecteur novice) soit mieux renseigné sur les services qu'il peut attendre du dictionnaire général bilingue.

5. LE CHOIX DES ENTRÉES

5.1.1. L'entrée de dictionnaire est le plus souvent un mot, unité qu'en principe, le locuteur ne peut segmenter et qui se prête à la permutation, c'est-à-dire dont la position est, d'une manière générale, hautement mobile dans la phrase. Il y a des unités qui se soustraient à cette définition, notamment les verbes dont le préfixe se transforme, dans certaines langues, en adverbe s'ils ne fonctionnent pas comme infinitif ou participe: néerl. *uitgaan, uitgaand, uitgegaan, hij gaat (ging) uit*, all. *ausgehen, ausgehend, ausgegangen, er geht (ging) aus* 'sortir, sortant, sorti, il sort[(a)it]. Le linguiste préfère souvent l'emploi du terme *lexème*, unité lexicale abstraite, susceptible de se présenter sous différentes formes flexionnelles selon les règles de la syntaxe (se rapportant aux catégories grammaticales: cas, nombre, genre; temps, mode, personne). Ainsi le verbe reçoit, dans le dictionnaire, la forme conventionnelle de l'infinitif, les adjectifs se présentent au masculin singulier, etc.

Il est impossible de définir le mot sémantiquement; et la chaîne parlée ne connaît guère le mot comme unité phonétique. Quant au mot graphique, on rencontre des incohérences: *bien que — quoique*. Il se peut qu'une forme fonctionne tantôt comme mot, unité intermédiaire entre le morphème et la phrase (Lyons, 1970: 154), tantôt comme morphème: l'*arrière* d'une voiture vs *arrière*-boutique.

Faisons remarquer que l'emploi du terme *mot* évoque plutôt, dans ce livre, le mot graphique, suite de graphèmes comprise entre deux blancs, entre un signe de ponctuation et un blanc ou inversement, puisque le dictionnaire est un travail écrit et que l'orthographe assujettit son auteur inconditionnellement. Nous nous servirons d'ailleurs souvent du terme *unité lexicale*, qui inclut les groupes de mots qui se comportent comme un seul mot et que l'orthographe n'a pas muni d'un trait d'union.

Les entrées d'un dictionnaire bilingue ne consistent pas seulement en mots et en sigles, on y trouve aussi quelques synapsies, c'est-à-dire des ensembles de mots dont la liaison est de nature syntaxique et conforme à des procédés particuliers de jonction (emploi d'une préposition) et dont l'ordre est fixe, ensemble dont le déterminant ne s'accompagne pas de l'article, dont un ou deux membres sont susceptibles d'expansion, et qui se caractérisent par un sémantisme spécialisé ou même étranger à celui du premier membre: **chemin de fer**; **pomme de terre** (qui n'est pas une pomme) ou, avec expansion, *une grosse pomme de terre*. Les mots composés ou affixés, desquels la liaison entre les éléments est de nature morphologique, diffèrent donc des synapsies: **bon|heur, franco-belge, poisson-scie, porte-parapluie, vin|aigre, in|support|able**. Certains dictionnaires bilingues (p.ex. Al, 1983) donnent comme entrées des morphèmes, constituants immédiats du mot; en effet, l'analyse de la structure lexicale, la décomposition en premières unités porteuses de sens, mène à l'intelligence du sémantisme de mots même absents du dictionnaire.

Si le dictionnaire monolingue admet des noms propres (historiques, géographiques), c'est dans une liste annexe, souvent accompagnés des adjectifs correspondants. Le dictionnaire bilingue les reçoit tantôt dans le corps de l'ouvrage, tantôt dans une annexe, en cas de divergence graphique entre le nom propre et son équivalent dans une autre langue.

5.1.2. Le nombre et la nature des entrées ou unités de traitement lexicographique sont déterminés par des facteurs multiples, tels que le public auquel on s'adresse (jeune, adulte, peu ou très instruit, hétérogène), le caractère de l'ouvrage (l'importance qu'on attache à telle ou telle terminologie; prix; format, nombre de volumes), le rapport entre la macrostructure (nomenclature plus ou moins riche) et la microstructure (articles lexicographiques plus ou moins développés). Travaillant le plus souvent sur commande, le lexicographe n'a généralement pas le champ libre.

5.1.3. Aucun dictionnaire ne pourrait accueillir tous les mots d'une langue moderne de civilisation: ils sont innombrables. Et songeons, p. ex., à l'allemand ou au hollandais, dont les morphologies permettent une création quasi illimitée de composés. Par conséquent, un choix s'impose dans tous les cas. Or, quels sont les critères du lexicographe? La hiérarchie des fréquences? Mais la statistique lexicale n'a pas donné des résultats vraiment satisfaisants (cf. Rey-Debove, 1971: 67-68; Matoré, 1967: 224-225). La fréquence est relative, varie en fonction de l'individu, du groupe social, de la situation de communication et du sens visé; il y a d'ailleurs des mots de faible fréquence mais indispensables à tous. Le lexicographe n'a pas besoin de recourir à la liste de fréquence pour enregistrer les mots les plus employés. Nous recommandons de confier la composition de la nomenclature à toute une équipe lexicographique pour compenser l'expérience limitée et différente de chacun, parce qu'on ne dispose pas encore de procédés autres qu'empiriques.

5.2.1. À moins qu'il ne s'agisse d'un lexique de base très restrictif, on admettra intégralement le lexique commun, c'est-à-dire celui que possède actuellement toute la communauté linguistique.

5.2.2. Quant au lexique scientifique et technique, on l'accueillera à proportion des besoins du public auquel le dictionnaire s'adresse. La vulgarisation des connaissances comporte évidemment l'acceptation d'un nombre croissant de pareils termes.

5.2.3. Les mots nouveaux créés ou empruntés (particulièrement ceux d'origine anglo-américaine, qui font irruption) qui ont droit de cité, ne seront pas repoussés, que ce soient des néologismes de luxe ou de nécessité. On risque parfois d'enregistrer des termes dont la vogue est passagère.

5.2.4. L'admission de formes et de sens appartenant à un système disparu est souhaitable dans E-M, puisqu'elle permet aux usagers du dictionnaire de lire les ouvrages d'autrefois qui présentent un intérêt historique ou littéraire. Le lexicographe peut reculer dans le passé tant que l'écart entre les deux états de langue extrêmes n'est pas trop grand et que l'utilisation d'un dictionnaire de l'ancienne langue ne s'impose pas. Cependant, le public visé et un prix encore abordable du dictionnaire peuvent assigner à l'auteur des limites qui excluent la langue de jadis (éventuellement à l'exception des emplois encore bien vivants dans la langue littéraire). S'écoulant plus facilement, les dictionnaires de langues très importantes par leur extension offrent évidemment des possibilités plus larges. Abstraction faite des dictionnaires modernes qui décrivent un état de langue ancien ou une langue morte, un dictionnaire bilingue n'est donc pas forcément synchronique dans sa totalité, quel que soit le poids de l'actualité. Et n'oublions pas que bien des termes échappent au vieillissement dans une certaine limite, notamment quand il s'agit de l'emploi dans un texte historique ou littéraire, de la langue du droit, de locutions figées (p. ex., sans coup *férir*), d'un parler régional.

5.2.5. Pour ce qui est des mots populaires, le lexicographe pourrait inscrire ceux qui ont été adoptés par le grand public.

5.2.6. Le lexicographe contemporain n'hésite pas à admettre les termes grossiers et vulgaires les plus fréquents auxquels les écrivains recourent pour choquer, pour répondre à un besoin d'expressivité ou simplement pour reproduire une réalité sociale.

5.2.7 L'argot (dialecte social de malfaiteurs, de soldats, de lycéens et d'étudiants, langage sportif ou propre à une profession en tant que réservé aux initiés) pourrait être présent dans le dictionnaire dans la mesure où les termes concernés sont courants à l'intérieur des groupes d'argotiers.

5.2.8. On peut accorder de la place aux régionalismes qui désignent des particularités connues, qu'on a toute chance de rencontrer chez un écrivain régionaliste.

5.2.9. La macrostructure contiendra aussi les noms propres dont l'emploi a fait des noms communs.

5.2.10. On y cherchera en vain les hapax et les mots inusités.

5.2.11. Certains dictionnaires renferment aussi les éléments de formation (affixes, éléments savants).

5.3. Le lexicographe se montre plus ou moins hospitalier à l'égard de chacune des divisions du lexique global: cela détermine e.a. la personnalité du dictionnaire;

et cela explique que la nomenclature riche d'un dictionnaire donné ne contient pas entièrement celle d'un dictionnaire plus petit. Le caractère sélectif du dictionnaire peut résulter aussi de la préférence que l'on donne à la langue écrite (éventuellement littéraire) sur la langue parlée (en général ou celle de la bonne compagnie, p. ex.) ou inversement.

5.4. Si des nécessités commerciales empêchent le lexicographe d'augmenter le total des entrées, on n'est pas dans la bonne voie, à notre avis. Même le dictionnaire plutôt restrictif le sera de moins en moins. En effet, tout dictionnaire reflète son temps et la prospérité fait que beaucoup plus de gens acquièrent une propriété, ont affaire aux banques, aux notaires, se procurent les produits témoignant d'une technologie très avancée, etc.; l'enseignement supérieur prodigué à des étudiants de plus en plus nombreux et le développement merveilleux des média ont porté l'instruction générale à un niveau jusqu'ici inconnu; on s'est donc familiarisé avec tant de termes qui, dans une autre société, auraient été l'apanage d'une élite.

5.5. Pour éviter une action juridique, il faut pourvoir de la mention *nom déposé* un nom de marque devenu nom commun dans la réalité linguistique et par suite inscrit comme entrée.

6. LA DÉLIMITATION DE L'ARTICLE LEXICOGRAPHIQUE

6.1. Après avoir prêté attention à la macrostructure, il faut consacrer le reste des pages à la microstructure.

Le lexicographe a souvent à choisir entre polysémie (conjonction) et homonymie (disjonction); à ces moments-là, il est obligé de résoudre pratiquement un problème très controversé (cf. Messelaar, 1985: 45-56).

L'orthographe (étymologisante dans une langue telle que le français) est une réalité qui assujettit le lexicographe; peu importe qu'elle soit liée à la langue orale par un rapport de subordination. Comme le dictionnaire est un écrit, les homonymes hétérographes (p. ex. **poids** — **pois** — **poix**) ne nous occuperont pas. Nous écarterons également les homographes hétérophones (p. ex. **couvent** n.m. ou *couvent* forme verbale), l'homographie étant pour nous indissolublement liée à l'homophonie. Restent donc les homophones homographes.

6.2. Opposant le polysème à l'homonyme, nous avons affaire au *sens*, non à l'origine du mot ni à son fonctionnement syntaxique (partie du discours, genre grammatical, etc.). L'introduction de la diachronie dans un ouvrage essentiellement synchronique prête à la critique. Et nous n'avons pas besoin de l'étymologie (qui, d'ailleurs, est un critère insuffisant: songeons à des cas tels que **1 voler** du lat. *volare* 'se déplacer dans l'air' et **2 voler** également de *volare* 'prendre contre le gré ou à l'insu de qqn') parce que les critères sémantique et étymologique mènent au même résultat: **1 louer** du lat. *laudare* 'déclarer digne d'estime' et **2 louer** du lat. *locare* 'donner/prendre en location'. D'autre part, si **compter** et **conter**, qui remontent tous les deux à *computare*, s'écrivaient encore de la même façon (*conter* en anc. fr. et même après), la distance sémantique les séparerait. Il en va de même pour les postverbaux sans suffixe **dessein** et **dessin** (graphiquement différenciés au XVIIIe s.), qui tirent leur origine du verbe latin *designare*.

6.2.1. L'appartenance à des catégories lexicales différentes de mots qui ont le même radical ne comporte pas nécessairement une différence sémantique: **courir** et **course** expriment un même concept, une même action, de deux façons distinctes au point de vue syntaxique: logiquement peu importe que l'on dise *la course est un mode de progression* ou *courir est un mode de progression*. Cela vaut aussi pour des entrées telles que **pouvoir** v. et n.m.

6.2.2. L'appartenance à des catégories grammaticales différentes est en général un indice d'homonymie: le/la **livre**, le/la **mousse**, le/la **poêle**. Cela n'empêche pas qu'une différence de catégorie grammaticale se présente à l'intérieur du polysème **pendule**, le pendule étant une pièce de la pendule (relation métonymique); ce mot subit pourtant un traitement homonymique dans la plupart des dictionnaires monolingues. La division d'un seul article, sautant aux yeux grâce à la présentation typographique, serait préférable.

6.3.1. Il faut établir avec la plus grande précision et objectivité possible les limites de la polysémie; en effet, chaque fois qu'on les dépasse, on entre dans l'aire de l'homonymie, définissable à partir de la polysémie. Sinon, deux solutions extrêmes se présentent: 1. la monosémie de toute entrée (que l'on a pratiquée jusqu'à 1670 environ, cf. Quemada, 1967: 272-273, 465 et seq.; mais elle soulève également de graves problèmes définitionnels et pratiques); 2. la réunion de tous les signifiés correspondant à un signifiant phoniquement et graphiquement unique. Or, la monosémie n'est plus guère acceptable: imaginons-nous un *Oxford English Dictionary* où l'entrée **take** figurerait 317 fois! (cf. Frei, 1961: 42).

6.3.2.1. Les critères auxquels on fait appel en optant pour l'homonymie sont, dans la pratique lexicographique, d'ordre orthographique (qui triomphe toujours; cependant, certaines variantes orthographiques trouvent leur justification dans un écart sémantique considérable), catégoriel (la catégorie lexicale se trouve jouer avec une irrégularité étonnante, l'arbitraire paraît y avoir le champ libre), sémantique (ce critère est loin de sortir toujours vainqueur de la lutte: comment la rédaction du *Robert* soutient-elle la polysémie de **jus**, etc.?) et diachronique ou étymologique (qui a le dessous dans tous les cas où un autre se fait valoir).

6.3.2.2. Le critère sémantique présente des aspects différents: *a)* critère sémantique pur (appartenance à des champs sémantiques différents), p. ex. **bière** 'boisson' ou 'cercueil'; *b)* critère des séries morpho-sémantiques: 1 **juste** — **justement** — **justesse**; 2 **juste** — **justement** — **injuste** — **justice** — **injustice** | 1. **s'abstenir** — **abstention** — **abstentionnisme** — **abstentionniste**; 2. **s'abstenir** — **abstinence** — **abstinent**; *c)* critère syntactico-sémantique ou distributionnel: **bière** avec art. partit. 'boisson' / (porter la) bière (au cimetière) 'cercueil'.

6.4. Le polysème et l'homonyme s'identifient sur le plan du signifiant mais se distinguent sur celui du signifié. La polysémie, sens virtuellement multiple d'un mot isolé, suppose une cohérence sémique qui manque aux homonymes considérés les uns par rapport aux autres. Le degré de cohérence sémique qu'on exige détermine le nombre relatif des polysèmes et des homonymes. Ceux-ci seront plus nombreux dans la mesure où les liens entre les sens des polysèmes sont plus étroits, et inversement. On peut soumettre la polysémie à deux critères: 1. théoriquement, on peut exiger la présence d'un sème constant dans tous les sens du polysème; 2. il suffit que les divers sens soient liés entre eux sans que tous les sémèmes aient au moins un sème constant en commun (chaque sens doit avoir un sème en commun avec au moins un autre sens du polysème). La nature des liens concernés est, dans la terminologie des associationnistes, tantôt la contiguïté (métonymie, synecdoque, etc.), tantôt la ressemblance (métaphore) (cf. Ullmann, 1969: 274 sqq.).

Thé possède les sens suivants:

> 'certain arbuste (Camellia sinensis) aux feuilles aromatiques et stimulantes'
> 'feuilles de cet arbuste, préparées pour faire une infusion'
> 'infusion préparée avec ces feuilles'
> 'repas léger où l'on sert cette infusion'
> 'réunion où l'on sert cette infusion'
> 'boisson qui évoque cette infusion'

On constate l'omniprésence intrinsèque du sème 'feuilles du Camellia sinensis'; nous avons donc affaire à un polysème au sens étroit.

On fonde l'homonymie souvent sur l'opposition '+ animé' — '- animé'; mais dans des cas tels que **cuisinière**, qui sont nombreux, les deux sens en cause ont un noyau sémique commun:

> 'celle qui a pour fonction de
>
>   faire la cuisine'
>
> 'fourneau servant à

Cas analogues en italien: **calcolatore**, **calcolatrice**, **falciatrice**, **mietitrice**. Là aussi, la polysémie souffre l'opposition classématique.

La plupart des lexicographes observent la polysémie au sens large; c'est la pratique habituelle, sans laquelle le nombre d'entrées augmenterait démesurément. Bien entendu, c'est là un argument pragmatique qui cadre bien avec la lexicographie, mais comme nous l'avons vu, le procédé est aussi soutenable du point de vue lexicologique. La polysémie telle qu'elle est interprétée par la majorité des lexicographes, se contente de l'association des idées sans qu'un même trait sémantique se retrouve invariablement dans tous les sens concernés. Tous les sens du verbe **disparaître** possèdent le sème '- visible'; mais si l'on ne réserve qu'un seul article à **foyer**, il est question de polysémie au sens large. Le sème 'feu' est commun aux sens suivants: 'lieu où l'on fait du feu'; 'feu qui y brûle'; 'partie d'un appareil de chauffage dans laquelle brûle le feu'; 'lieu devant le feu où se réunit la famille' et, par extension, 'lieu de réunion' ('local servant de lieu de réunion'; 'maison'; 'bâtiment servant d'asile à certaines catégories de personnes'; 'salle d'un théâtre où les spectateurs peuvent aller pendant les entractes'). Par métonymie, on obtient 'ceux qui se réunissent devant le feu, famille'. La présence du feu s'accompagne d'un rayonnement et rayonnement fait penser au point où les rayons se trouvent réunis ['point de divergence'; 'centre à partir duquel se répand une chose'; 'lieu d'où se propage une maladie' | 'point de convergence' en physique (lumière, chaleur)]. Si l'on écarte les concepts 'divergence' et 'convergence' et que l'on garde 'point' (qu'il ne faut pas toujours considérer comme dépourvu d'étendue), on obtient en géométrie 'point associé à certaines courbes ...' et en pathologie 'siège principal d'une maladie'.

Consultant divers dictionnaires, nous nous demandons comment on soutient la polysémie de **oiseau**, etc., etc. Même ceux qui donnent au terme *polysémie* une interprétation large, seront logiquement contraints d'accroître le nombre d'homonymes (que l'on examine, dans les dictionnaires, les articles **jus** et **sens**, p. ex.).

6.5. L'homonymisation dépend tantôt de l'évolution sémantique (**voler**), tantôt de celle de la société (**1 plume** 'tuyau garni de barbes et de duvet'; **2 plume** 'instrument pour écrire').

6.6.1. La pratique lexicographique dénonce encore trop d'incertitude, trop d'irrégularité; même les meilleurs dictionnaires ne savent pas toujours éviter des inconséquences.

6.6.2. Dans les années 80, il est paru aux Pays-Bas et en Belgique une série de grands dictionnaires publiés par Van Dale Lexicografie où, à l'exception du dictionnaire monolingue néerlandais, le traitement homonymique n'est plus fondé sur le principe historique, mais sur les principes que voici: 1. différence de prononciation, p. ex. angl. **lead**[1] 'plomb' et **lead**[2] 'mener'; 2. différence de catégorie lexicale, p. ex. **déjeuner**[1] n.m. et **déjeuner**[2] v. (en revanche, on mêle, dans le tome fr.-néerl., l'adj. et l'adv.; voir **mauvais**, particulièrement 3.1); 3. différence de déclinaison au sing., au pl., p. ex. all. **Band** (trois entrées). Le fr. **mousse** n.m. ou f. ne recouvre qu'un article, ce qui signifie que, des deux catégories syntaxiques, l'une (la lexicale) compte (mais non absolument) au contraire de l'autre (la grammaticale). L'argument selon lequel l'étymologie dépasserait les connaissances de la grande majorité des néerlandophones, ne nous convainc pas: une partie importante du dictionnaire dépasse leurs connaissances, sinon il n'en aurait pas besoin; et que penser des francophones (particulièrement, des usagers wallons du dictionnaire). L'opposition linguiste — profane se fait sentir sur tant d'autres points. Mais l'homonymie contribue à une structuration théoriquement et pratiquement satisfaisante du texte lexicographique.

Notre deuxième objection est que le traitement polysémique d'homonymes a pour conséquence une énumération (partiellement) dépourvue de rapports génétiques entre les sens.

La troisième concerne l'arbitraire que nous avons signalé.

6.7. Nous conseillons aux lexicographes de maintenir la distinction entre polysémie et homonymie: elle est utile parce qu'elle leur fournit un instrument permettant de bien organiser le texte lexicographique (si c'est par des moyens dont la problématique échappe à la majorité des lecteurs, peu importe: ceux-ci profiteront de la présentation typographiquement bien agencée qui résulte d'une division théoriquement fondée). Nous recommandons d'appliquer *toujours* le critère sémantique, qui seul est valable à notre avis (les autres ne sont souvent que des indices virtuels d'homonymie), en donnant au terme *polysémie* l'interprétation relativement large. Le critère sémantique est évidemment inapplicable dans les cas où l'entrée ne se laisse décrire qu'en termes de fonctionnement (les mots grammaticaux, les appellatifs, les interjections et les onomatopées sont définis en métalangue de signe, cf. Rey-Debove, 1971: 250-252).

Quant à la succession des homonymes, on pourrait les enregistrer, dans la mesure du possible, par ordre de fréquence, en commençant par les unités les plus employées.

7. LA STRUCTURATION DE L'ARTICLE LEXICOGRAPHIQUE

7.1. On connaît l'ordre usuel des membres de l'article lexicographique: entrée |
transcription phonétique | catégorie lexicale | catégorie grammaticale | traduction(s)
de l'entrée eventuellement précédée(s) d'une marque d'usage et suivie(s) d'une (de)
séquence(s). Le dernier membre de l'article se présente une ou plusieurs fois.

7.2. Nous proposerons ci-dessous des principes de structuration propres à améliorer la composition des longs articles du dictionnaire général bilingue, ceux dont
l'entrée est un mot fréquent. Un agencement théoriquement et pratiquement
satisfaisant (l'un ne contrarie pas l'autre) favorisera une consultation plus rapide.

7.3.1. Une fois que nous aurons délimité l'article lexicographique, les catégories
lexicale et grammaticale nous procureront un premier arrangement des sens puisque
le changement de catégorie entraîne en général une modification du sémantisme: le
mot **bas** se définit autrement selon qu'il est adjectif ('qui a peu de hauteur'), adverbe
('à faible hauteur') ou substantif masculin ('partie qui a le moins de hauteur'). Et le
lexème **pendule** se définit différemment selon qu'il est masculin ('système oscillant')
ou féminin (par synecdoque, 'horloge').

7.3.2. Le classement plus poussé des sens, fondé soit sur leur fréquence, soit sur
l'ordre de leur apparition, ne nous sourit guère, faute de données quantitatives
précises et vu une documentation diachronique lacunaire. En effet, la fréquence est
conditionnée par le milieu social, la situation, les préférences individuelles; et en
optant pour un classement historique, il faut trop souvent consentir à un compro-
mis. C'est pourquoi nous préconisons un classement qui, indépendant de la réalité
historique partiellement connue, se base sur des rapports purement logiques entre
les sens du polysème. Le lecteur cultivé demande une disposition des matériaux qui
satisfasse l'esprit: le classement arborescent fondé sur les définitions est toujours
réalisable (l'absence de rapports mène à l'homonymie) et pourvoit au besoin
d'ordre de tous les utilisateurs du dictionnaire. Le lexicographe ne manquera pas
d'avertir son public qu'il peut être question de relations et de filiations purement
idéelles.

Raison est un mot fréquent et polysémique. On pourrait supposer que son sémantisme a une structure logique sous-jacente qui permet un classement valable:

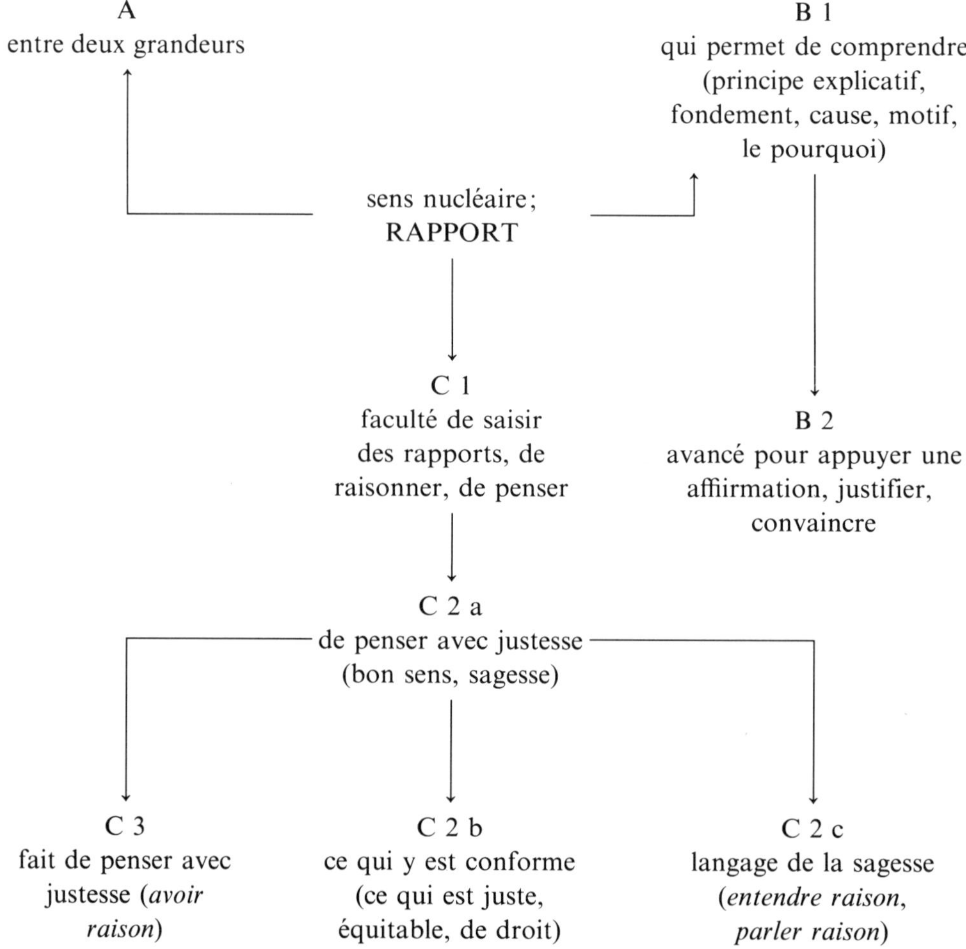

L'enrichissement sémantique repose en général sur les propriétés de l'objet en question, sur des rapports métonymiques, métaphoriques, etc., qui le lient à d'autres objets de pensée, sur des spécialisations ou des extensions sémantiques, sur la mélioration ou la péjoration (on analyserait utilement le sémantisme du mot **main**, p. ex.). Bref, le polysème se caractérise par un réseau de transferts du nom par contiguïté et par similarité entre les sens (cf. Ullmann, 1969[4]: 274-277).

7.4. À l'intérieur d'un sens, l'ordre des traductions sera déterminé, dans la mesure du possible, par le degré de synonymie. Dans le cas de synonymie absolue, l'hétéronyme indubitablement plus fréquent précédera, s'il est du même niveau, celui qui l'est moins; du reste, *in dubiis libertas*.

Le caractère abstrait de mots tels que **mauvais** comporte, en néerlandais p. ex., une longue série d'hétéronymes plus ou moins proches, ce qui ne facilite ni la tâche du lexicographe ni celle du traducteur. Malheureusement, celui-là devra se fier de temps à autre, dans la détermination de l'ordre, à son intuition. La quantité d'arbitraire pourrait pourtant diminuer à proportion que le nombre de collaborateurs augmente.

7.5.1. Dans les longs articles, il succède à une (série de) traduction(s synonymes) de nombreuses unités translexicales modifiables (juge intègre, p. ex.) ou intangibles (gallicismes, proverbes) où figure l'entrée; nous les appelons *séquences* (voir 16.1.1.). La maximilisation du rendement du dictionnaire explique que les séquences brèves jouent un rôle privilégié: en effet, elles illustrent parfaitement l'emploi d'une entrée sans perte de place (cf. PR: XV). Elle explique également la préférence donnée à l'infinitif toutes les fois qu'il se substitue heureusement à un mode personnel du verbe (cf. Rey-Debove, 1971: 302-306, où elle parle de la neutralisation de l'énoncé). Tout en enrichissant le dictionnaire, on peut éviter de dépasser la limite du volume. Cependant, il y a des cas où l'emploi d'un mode personnel s'impose: *force me fut de*, etc.; nous pensons particulièrement aux proverbes, aux cas où la séquence met à nu certains faits propres à la langue de départ et à ceux où la langue d'arrivée n'admet pas une construction infinitive (du moins, après le choix de certains termes): sans vous, j'étais perdu | comment vont ces petites santés? | il a du sang sur les mains vs *er kleeft bloed aan zijn vingers* (construction impersonnelle en néerl.). Il importe de doter tous ces matériaux d'une bonne structure.

7.5.2. De nos jours, la lexicographie a pris un essor prodigieux. Malgré cela, on n'est pas pleinement satisfait de la structure des longs articles des dictionnaires bilingues après l'information métalinguistique, et tout particulièrement de la succession des séquences. Eu égard à la variété infinie des expressions que possède une langue, on se demande s'il est possible de créer un système embrassant toutes les catégories lexicales et toutes les constructions, permettant de trouver rapidement ce que l'on cherche, d'un maniement relativement aisé pour le lexicographe et théoriquement satisfaisant. De quels principes faudrait-il partir? Comment faudrait-il procéder? Vu la complexité de bien des systèmes linguistiques, il ne sera guère possible d'inventer un ensemble de formules permettant de tout résoudre. Dans le passé, on s'est beaucoup plus intéressé au classement des entrées et à celui des sens qu'à celui des séquences. Une fois les sens classés, le désordre des séquences disparaît automatiquement en partie et le besoin de les soumettre à un classement rigoureux, malaisé à première vue, semble avoir été refoulé.

7.5.3. Par l'intermédiaire de la préposition *à*, **mise** se relie à une longue série de substantifs: ancre, contribution, courant, défi, disposition, eau, épreuve, étude, exécution, feu, heure, jour, masse, monde, mort, net, pas, pied, point, prix, raison, régime, retraite, rôle, sac, sec, tombeau, voile, voix, etc. La préposition *en* permet également d'associer **mise** à de nombreux substantifs: accord, accusation, action, balance, batterie, bière, boîte, bouteilles, branle, cause, circuit, circulation, condition, contact, contradiction, croix, demeure, dépôt, disponibilité, eau, état, feu, forme, gage, garde, jeu, liberté, lieu sûr, marche, miettes, musique, observation, oeuvre, ondes, ordre, pages, place, plis, possession, pratique, question, relief, sac, scène, service, tas, train, valeur, vente, vigueur, etc. Comment réussirait-on ici une organisation hiérarchisée satisfaisante en partant de principes sémantiques? Il est évident que l'approche idéologique ou conceptuelle connaît des restrictions: le regroupement fondé sur l'association des idées (contiguïté, similarité, opposition) ne serait que partiel, donc à rejeter.

7.5.4. L'aspect sémantique prévaut. C'est du sens qu'il s'agit. Cependant, on n'y atteint qu'à l'aide de porteurs. Or, si l'ordonnancement sémantique connaît des limites, on peut les franchir en se basant sur la nature et la combinaison des porteurs afin d'éviter l'arbitraire. Et cela en deux étapes: lorsque l'ordonnancement syntaxique, à son tour, se heurte à un obstacle insurmontable, on est obligé de recourir à l'ordre alphabétique: machine à calculer, à coudre, à dicter, à écrire, à laver, à penser, à perforer, à repasser, à tisser, à traduire, à tricoter, à tuer, à voter, etc.; entrer à, dans, en. L'ordonnancement que nous proposons et qui vise à régler tout ce qui est réglable, se fait donc en trois phases qualifiées successivement de sémantique, de syntaxique et d'alphabétique. Le système syntactico-alphabétique que nous avons expérimenté dans quelques dizaines d'articles, fournit une solution dans la grande majorité des cas qui occupent le lexicographe. Notre point de vue est pourtant moins d'ordre syntaxique que d'ordre lexicographique. Il faut voir le dictionnaire par les yeux du lexicographe. Le linguiste pourrait lui reprocher l'extension de certaines formules, mais on doit éviter un morcellement qui nuit à l'efficacité, c'est-à-dire à la composition comme à la consultation du dictionnaire. Pour des raisons à la fois lexicographiques et psycholinguistiques, il importe de tenir compte de la façon dont l'utilisateur moyen du dictionnaire se représente à première vue des séquences superficiellement comparables mais dont la fonction diffère, l'utilisateur, qui a l'impression de certaines ressemblances et dissemblances. Pour parler en termes plus précis, il peut être utile de faire valoir uniquement la catégorie lexicale et l'ordre des éléments, en négligeant l'aspect sémantico-syntaxique (cf. infra la formule 9; sous 12 b''''', le syntagme prépositionnel embrasse le compl. d'obj. indir., le compl. circonst. et la loc. adv., parce que de nombreuses personnes ont de la peine à les distinguer).

En résumé, nous recourons à la syntaxe dès que la sémantique nous fait défaut et seulement pour autant que nous en avons besoin et, évidemment, pour autant que c'est possible. Ce recours à la syntaxe est la démarche pragmatique du lexicographe qui ne perd de vue ni ce que lui demandent ses lecteurs ni l'exécutabilité de la tâche qu'il a assumée.

Formules proposées

7.5.5.1. Il nous paraît recommandable de les présenter autant que possible (il faut compter avec des possibilités plus ou moins limitées) selon l'ordre de complexité progressive. En effet, ce que l'utilisateur moyen du dictionnaire perçoit tout d'abord, ce qui saute le plus aux yeux, c'est la complexité différente des unités de traduction. On devra faire entrer en ligne de compte non seulement l'amplification graduelle des séquences, mais encore les environnements du mot entrée, la présence et l'absence de catégories lexicales, la succession et, dans une certaine mesure, le rôle des constituants, pour autant que les matériaux rebelles le permettront. La distinction de séquences infrapropositionnelles et propositionnelles et le mode de combinaison des constituants nous fourniront des modèles de structuration. Le point de départ sera l'unité translexicale la moins composée. De là nous passerons aux unités qui embrassent un nombre croissant d'éléments, en antéposant ou en postposant au mot entrée des adjonctions variables. Il s'agit toutefois d'une tendance globale qui va du partiel au complet, sans que l'on puisse escompter une pleine réalisation de la fin poursuivie en termes quantitatifs, puisque la nature de la langue s'y prête malaisément. La tendance dominante est d'ailleurs contrecarrée par l'expansion dont les formules rudimentaires sont susceptibles (voir plus bas). Notons une fois de plus que le point de vue pragmatique du lexicographe prévaudra nécessairement contre celui du théoricien de la langue.

Une théorie préconçue s'étant avérée partiellement inopérante, force nous est de procéder à une catégorisation empirique des séquences, tout en évitant une diversification excessive. Les formules proposées ne sont que des squelettes qu'il faudra fournir de la chair des séquences.

7.5.5.2.

  1.a.   adv. + prép.
    b.   adv. + adj.
    c.   adv. + n.

2.   conj. + n.

3.a.   prép. + adv.
  b.   prép. + n., pron.

4.   partic. + adv. ou élément ayant la même fonction

5.a.   adj.* + n.**
  b.   n. + adj. (sans compl. dét.)

6.   n. + n.

7.   adj. +
       conj. + n., pron.
       prép. + n., pron., inf.

8.   n. + conj. + n. (l'entrée se trouve devant ou après la conj.)
9.   n. + prép. + n., inf. (l'entrée se trouve devant ou après la prép.)

10.   gér.

11.   n. + partic. + compl.

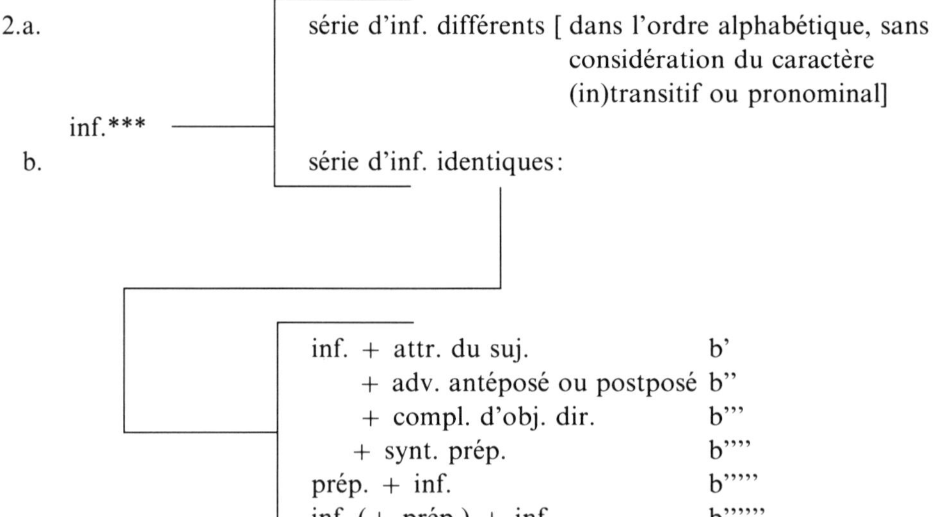

12.a.   série d'inf. différents [dans l'ordre alphabétique, sans considération du caractère (in)transitif ou pronominal]

inf.***

  b.   série d'inf. identiques :

inf. + attr. du suj.   b'
    + adv. antéposé ou postposé b''
    + compl. d'obj. dir.   b'''
    + synt. prép.   b''''
prép. + inf.   b'''''
inf. (+ prép.) + inf.   b''''''

*   l'adj. qualificatif vient après l'art. et l'adj. dét.
**   le pl. succède au sing.
***   l'inf. passé suit l'inf. prés.

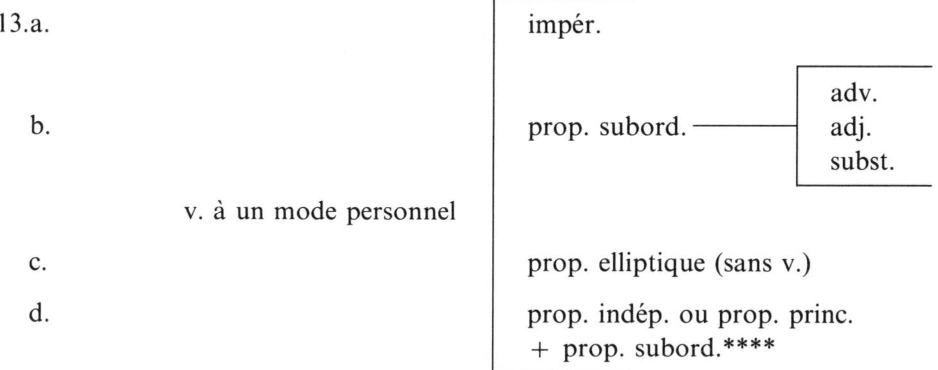

7.5.5.3. Les formules proposées, que nous avons tenté de réduire au minimum, représentent les types de séquences fréquents.

Les formules comptant deux symboles précèdent en principe celles qui en ont au moins trois. Du reste, les considérations suivantes ont déterminé l'ordre des formules.

Pour modifier ou préciser sémantiquement, il faut la préexistance d'une espèce de mots susceptibles de modification ou de précision. Pour marquer un rapport, il faut la préexistance de mots entre lesquels on établit un lien sémantique. Logiquement, l'adjectif et le verbe préexistent ainsi à l'adverbe; de même, le nom préexiste à la conjonction, à la préposition et à l'adjectif. Nous considérons ce qui préexiste du point de vue logique comme supérieur. Eu égard au caractère hiérarchiquement progressif du schéma, l'adverbe, la conjonction et la préposition précèdent donc l'adjectif et le nom. L'adjectif supposant la préexistance du nom est suivi par celui-

---

**** la succession des prop. est déterminée par la nature du suj.:

n. (dans l'ordre alphabétique)

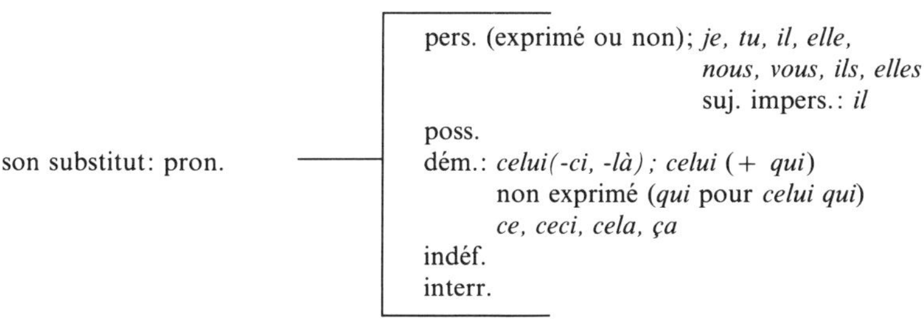

ci. L'infinitif, forme nominale du verbe, succède au participe, forme adjective du verbe, qui est précédé du gérondif, forme adverbiale du verbe.

La plus petite séquence ne compte que deux mots. À mesure que les séquences s'allongent, la formule représente évidemment une plus grande diversification syntaxique. Comme la présence d'un verbe permet normalement la plus grande extension d'une séquence, le schéma offre une certaine dichotomie, parce que les formules verbales (10-13) se trouvent à la fin. Abstraction faite de la parataxe, la phrase est la plus grande unité de description grammaticale (cf. Lyons, 1970: 133). En cas de subordination ou de coordination d'unités constituées d'un sujet et d'un prédicat, on parle de propositions. Le niveau de la phrase sera atteint surtout quand le lexicographe veut montrer l'emploi d'une conjonction, d'un relatif ou du mode. Le niveau transphrastique sera rare dans un dictionnaire bilingue.

Adj. comprend l'adjectif qualificatif et n'importe quel adjectif déterminatif, ainsi que le nom adjectivé ou apposition et le participe présent ou passé: bridge contrat, bleu roi, étalon or, pénicilline retard, robe princesse, rosier tige, station terminus, etc.

Inf. embrasse l'infinitif présent et l'infinitif passé.

Prép. inclut les locutions prépositives, ainsi que l'accumulation de deux prépositions: (sortir) de chez, de derrière …; (qui) d'entre (vous?).

Les formules plus compliquées absentes du schéma peuvent être considérées comme une expansion (adjonction infra en italique) de telle ou telle formule présente, p. ex. *pas* mal de (1.a.), plus grand *que nature* (1.b.), d'aujourd'hui *en huit* (3.a.), de mal *en pis* (3.a.), à *pleines* mains (3.b.), de *longue* main (3.b.), d'heure *en heure* (3.b.), de main *en main* (3.b.), de ville *en ville* (3.b.), opinion *très* répandue (5.b.), *doigts* bagués d'or (7.), *mains* moites de sueur (7.), taillé à coups *de serpe* (7.), femme de *mauvaise* vie (9.), la poule aux oeufs *d'or* (9.), avoir les reins *solides* (12.b'" + attr. du compl. d'obj. dir.), faire *sien* … (12.b'"), regarder *comme sien* … (12.b'"), va-t'en *d'ici* (13.a.). Si l'infinitif est suivi de deux ou de trois compléments, le cas sera considéré comme une expansion de 12.b'" ou b''". L'expansion s'accompagne quelquefois de son contraire: à la *légère* (3.b.), où le substantif (manière) est sous-entendu. Les séquences figurées par une formule présente précéderont celles correspondant à une formule virtuelle qui compte plus de symboles. Cependant, pour éviter une complication excessive, nous réunissons à l'ordre alphabétique les infinitifs qui ont tantôt un, tantôt plusieurs compléments (voir plus bas **Battere**). Dans la rédaction des formules, nous avons fait abstraction du nombre, du genre, de la personne et du mode verbal, ainsi que de la présence ou de l'absence de certains éléments qui ne jouent pas un rôle essentiel dans la structuration lexicographique, tels que l'article [(in)défini, partitif] ou d'autres déterminants: *avoir faim* et *assouvir sa faim* sont recouverts tous les deux par la formule 12.b'". L'infinitif qui sert d'entrée demande un traitement plus nuancé qu'une série d'infinitifs dans une même rubrique; ici, on peut se contenter de l'ordre alphabétique en négligeant le caractère transitif, intransitif ou pronominal du verbe. Quant à 13, nous ne tenons pas compte du caractère affirmatif, interrogatif ou exclamatif de la proposition; la proposition négative est considérée comme une expansion de l'affirmative.

Ainsi conçu, le schéma nous laisse assez de latitude pour opérer la structuration avec toute la souplesse requise.

La méthode recommandée suppose que l'on ne suit que les formules pertinentes et que l'on respecte toujours l'ordre adopté. De plusieurs séquences correspondant à la même formule, celles où l'entrée intervient plus tôt précèdent celles où elle se présente plus tard: maison de ville, pâté de maisons.

7.5.6. Après le regroupement typologique des séquences, basé sur leur articulation, c'est-à-dire sur le choix et la position des co-occurrents de l'entrée, il s'agit de les disposer à l'intérieur du groupe. Dès que l'on franchit la limite de l'agencement distributionnel, l'ordre alphabétique tant bafoué mais d'une «irremplaçable commodité» (Wagner, 1967: 129) sera la dernière ressource et nous permettra d'ordonner les mots appartenant à une même catégorie lexicale partout présente dans le groupe. Comme nous l'avons constaté par ailleurs tant de fois, notre système favorise la présentation d'oppositions d'intérêt à la fois morphosyntaxique et sémantique. En effet, si l'ordre alphabétique rapproche des éléments communs, il rapproche aussi utilement des éléments contraires à quelque point de vue: mettre aux mains, mettre entre les mains. Mais nous ne recourons à l'ordre alphabétique qu'après avoir constaté que tout autre procédé classificatoire (de nature idéologique ou syntaxique) a atteint sa limite.

7.5.7. Exemples illustrant les formules

1.a.   assez de, beaucoup de, bien du (de la, des), moins de, plus de, etc.

  b.   non motivé (raison d'admission: séquence remplaçable par un seul mot, en français comme en d'autres langues)

  c.   bas les mains!; haut la main; (avant-)hier soir

2.   comme un sourd

3.a.   en arrière, en avant, en bas

  b.   séquences contenant une préposition ou locution prépositive (à, après, avant, contre, dans, de, devant, en dépit de, entre, jusque, loin de, par, par-dessus, pour, sans, sous, sur, vers, etc.): sous main, sous la main, etc.

4.   cousu main ('cousu à la main')

5.a.   maigre salaire
   b.   jambon maigre
6.   mardi soir; monsieur le curé
7.   heureux comme un roi, nu comme un ver, sourd comme un pot; bon à manger, sujet à mourir; content de lui; riche en vitamines; rayonnant de joie; condamné au bâton; plaqué d'or
8.   jour et nuit, nuit et jour, le jour et la nuit
9.   pain aux raisins; corde à sauter, machine à calculer; mine d'or; coup sur coup; ruée vers l'or; cette formule recouvre même certains compléments circonstanciels: les doigts dans le nez, les mains dans les poches
10.   en attendant ('jusqu'à tel moment')
11.   les coteaux environnant la ville
12.a.   sous l'entrée **main**, p. ex.: se frotter les mains, se promener la main dans la main, tendre la main à qqn, en venir aux mains
   b'   il s'agira souvent d'une copule: être voisin de ('confiner à'); arriver le premier
   b''   ne pas l'épouser; servir chaud
   b'''   chanter, composer, écouter, écrire, siffloter une chanson
   b'''' nuire à l'efficacité, aux intérêts de qqn, à la réputation de qqn, à la santé; arriver en retard, par avion; servir sans attendre
   b''''' à l'en croire
   b'''''' envoyer chercher du pain; faire penser à; partir à rire; être parti faire un tour; pouffer de rire; servir à boire à qqn
13.a.   va-t'en!
   b.   aussi loin qu'on puisse remonter dans le passé; qui précède (traduisible sans pron. rel.: prélude de); que cette lettre est authentique (séquence qu'on peut traduire en évitant la prop. subst.: l'authenticité de cette lettre)
   c.   la fête passée, adieu le saint
   d.   le lapin était sur la table, dans une sauce blonde; la sauce fait passer le poisson; à quelle sauce sera-t-il mangé?; il n'est sauce que d'appétit | il vaut mieux s'adresser à Dieu qu'à ses saints; c'est un saint qu'on ne fête plus; comme on connaît ses saints on les honore | pron. pers. neutre non exprimé: mieux vaut être assis que debout | les miens ne me laisseront pas tomber | dém. non exprimé: qui veut noyer son chien, l'accuse de la rage; etc.

7.5.8. Exemples d'application dans un article lexicographique

Main n.f. 1. (1.c.) bas les mains!; haut la main; haut les mains!; (3.b.) ... à main; à la main; à sa main; à deux mains; à pleines mains; à quatre mains; à main armée;

(exp.) à portée de la main | dans la main | de la main (de la propre main, de la main même) de; de sa main; de sa (ses) propre(s) main(s); des deux mains; de longue main; de première main; de seconde main; de toutes mains; de main d'homme; de la main à la main; d'une main ..., de l'autre...; de main en main | en un tour de main| entre les mains; entre les mains d'un médecin | sous main; sous la main | (exp.) pas plus que sur la main; (4.) cousu main; (5.b.) main bote; main morte; les mains vides; main votive; (7.) nu comme la main; fait à la main; fait de main de maître; (exp.) mains moites de sueur; don fait de la main à la main; (9.) les mains au dos | la main dans la main; (exp.) une main de fer dans un gant de velours; les mains dans les poches | main de la bride | les mains en l'air! | la main sur le coeur (sur la conscience) || dessin à main levée; épée à deux mains; frein à main; homme à toutes mains; sac à main; vol à main armée | coup de main; homme de main; position des mains; mariage de la main gauche; poignée de main; politique de la main tendue; revers de la main; tour de main | preuve en main; (12.a.) ne pas y aller de main morte || avoir la haute main (sur); avoir la main heureuse; avoir la main légère; avoir la main leste; avoir la main lourde; avoir la main rompue à | avoir les mains crochues; avoir les mains libres; avoir les mains liées pour; avoir les mains nettes | avoir des mains de beurre | avoir toujours l'argent à la main | avoir un poil dans la main | avoir en main | avoir qqn/qqch. bien en main | avoir le coeur sur la main || battre des mains || changer de main; changer un enfant de mains || conduire la main d'un enfant || donner la main à; donner un coup de main || écrire de sa main || être à la main de qqn || exécuter un coup de main || faire la main à qqn; se faire la main; faire main basse sur; faire les mains; faire des pieds et des mains || forcer la main à qqn || se frotter les mains || jouer à (la) main chaude; jouer à quatre mains || lâcher la main à un cheval || lever la main sur || mener un cheval en main || mettre la dernière main à; mettre la main à la pâte; mettre la main à la plume; mettre la main au travail; mettre la main sur qqn/qqch. | mettre aux mains; mettre à qqn le marché en mains; mettre entre les mains; se mettre entre les mains des médecins || passer la main; passer la main dans le dos de qqn; se passer qqch. de main en main; passer par les mains de || perdre la main || porter la main sur qqn || pouvoir se donner la main || prendre son courage à deux mains; prendre en main(s); prendre en main les intérêts de qqn; se prendre par la main; être pris la main dans le sac || prêter la main à || remettre en main(s) propre(s) || rendre la main à un cheval || reprendre en main || saisir à pleine(s) main(s) || souscrire des deux mains || se taper dans la main || tendre la main || tenir la main à; tenir à pleine(s) main(s); tenir par la main || tomber aux mains de; tomber sous la main || toucher (dans) la main à qqn || travailler de ses mains || en venir aux mains || voter à mains levées; (13) le cheval gagne à la main; ce livre est en main; une main lave l'autre; les mains m'en tombent; je mettrais ma main au feu que; ils sont comme les deux doigts de la main; 2. .....

Malheur n.m. (3.b.) en cas de malheur; par malheur; pour son malheur; (5.) le beau (grand) malheur!; quel malheur!; (9.) le malheur des temps | oiseau de malheur; cette pluie de malheur; (12.a.) faire le malheur de; faire un malheur; jouer de malheur; porter malheur; (13.c. ou 9.) malheur aux vaincus!; (13.d.) un malheur est si vite arrivé; le grand malheur est que; à quelque chose malheur est bon; le malheur de l'un profite à l'autre; le malheur veut que; un malheur ne vient jamais seul | il a le malheur d'être infirme.

Battere (DLIT modifié) (12.b''') battere le ali; battere bandiera; battere bandiera italiana; battere la campagna; battere il capo nel muro; battere la carne; battere il chiodo; non battere ciglio; battere la concorrenza; battere i denti dal (per il) freddo; battere il ferro finché è caldo; battere la fiacca; battersi il fianco; battersi la fronte; battere la grancassa; battersela; battere le mani; battere la mano sulla spalla di qd.; battere il mare; battere moneta; battere il nemico; battere gli occhi; battere le palpebre; battersi il petto; battere i piedi; battere la pista; battere un primato; battere la punizione; battere la ritirata; battere un segnale; battere la selvaggina; battere i tacchi; battere il tamburo; battere i tappeti; battere il tempo; battere una via; battere la via del vizio; (12.b'''') battere a macchina; battere all'uscio; battere con il lupo; battere in duello; battere in ritirata; battere sempre su uno stesso tasto; (13.b.) là dove non batte il sole; (13.d.) il cuore le batteva per la paura; in quanto a paura, quei due se la battono; il motore batte in testa; l'orologio batteva mezzanotte; quest'uomo ha fatto battere il cuore di molte ragazze; non so dove battere la testa; non sapevo dove battere il capo; batterei la testa al muro; batti e ribatti, finalmente ha capito; ha battuto la testa; ce la battemmo prima che arrivassero gli altri; prima di convincersi bisogna che ci batta sopra il naso; quello se la batte volentieri col vino.

Autres méthodes classificatoires

7.5.9.1. Les articles du DLIT offrent une bipartition. Dans la première partie, la *parte semantica*, on trouve les (séries de) traductions numérotées, souvent accompagnées de quelques *esempi*. Mais ceux-ci se trouvent incorporés surtout dans la seconde partie, la *parte fraseologica*, où le mot entrée reçoit chaque fois une traduction non mentionnée dans la première partie (cf. p. XVI). Toutes les séquences de cette partie ont été rangées par ordre alphabétique en partant de la *prima voce importante dell'espressione stessa*. Ainsi, c'est tantôt un adjectif, tantôt un nom, tantôt un infinitif, tantôt un verbe à un mode personnel, etc., qu'on trouve à l'ordre alphabétique.

7.5.9.2. Les articles des dictionnaires bilingues publiés par Van Dale Lexicografie (Utrecht/Anvers) sont structurés ainsi: toutes les (séries de) traductions d'une entrée donnée la suivent immédiatement; ensuite, les séquences font bloc, elles aussi. Les divers groupes de séquences sont marqués chacun de deux chiffres, dont le premier indique la catégorie lexicale du mot le plus important, sémantiquement parlant, dans l'environnement du mot entrée; le second correspond au numéro d'une traduction mentionnée plus haut. Les catégories lexicales sont numérotées comme suit: 1. substantif; 2. adjectif; 3. verbe; 4. pronom; 5. adverbe; 6. préposition; 7. article; 8. conjonction; 9. interjection. Dans le tome français-néerlandais, nous constatons que 4. est utilisé quand il est question d'un verbe impersonnel, d'un verbe pronominal ou d'un adverbe pronominal; 7., quand on a affaire à la substantivation d'un adjectif. Le choix du mot le plus important est souvent malaisé; aussi se révèle-t-il arbitraire de temps en temps. Le système choisi ne va pas jusqu'au bout: il admet les séquences les plus divergentes dans les limites d'une seule rubrique et, trop souvent, les rédacteurs ne tiennent guère compte du comportement syntaxique du mot entrée. Pourquoi n'a-t-on pas choisi un système à la fois moins compliqué et plus complet? On peut pourtant parler d'un sérieux progrès par rapport à la grande majorité des dictionnaires traditionnels, bien que les matériaux lexicographiques soient rebelles à la structuration.

7.5.10. Pour ce qui est de notre méthode, un coup d'oeil rétrospectif fait voir une certaine extension graduelle des séquences, caractérisée pourtant par des pas en arrière comme en avant. C'est que les symboles constitutifs des formules sont tantôt de nature simple, tantôt de nature complexe et que les formules de base admettent des adjonctions occasionnelles. Si l'on agissait autrement, le schéma opérationnel surabonderait de formules. Bien que l'on doive renoncer à toute mathématisation, il y a une orientation de principe vers la présentation d'unités toujours plus complexes. Et à chaque échelon, on trouve ensemble les unités apparentées d'un point de vue syntaxique. La méthode que nous suggérons et qui est indubitablement susceptible d'être perfectionnée, permet de structurer promptement, d'après un modèle fixe, la grande majorité des articles lexicographiques pour ce qui concerne les séquences.

8. L'ÉCRITURE N'EST PAS SIMPLEMENT UN SUBSTITUT DE LA PAROLE | LA TRANSCRIPTION PHONÉTIQUE

8.1. La communication interhumaine s'effectue vocalement et visuellement. Mais la langue parlée est fondamentale et l'écriture remplace au besoin la communication orale. Cependant, ces deux instruments de communication ne sont pas entièrement isomorphes: songeons, p. ex., aux formes écrites non employées dans la conversation, à l'homophonie telle qu'elle est désambiguïsée par l'orthographe. Le dictionnaire est un écrit présentant tous les avantages et les désavantages des écrits. Il est vrai que la lexicographie contemporaine laisse une large place à la langue parlée, mais c'est toujours par l'intermédiaire de l'écriture.

8.1.1. Les avantages auxquels nous faisions allusion, consistent dans les possibilités interdites à la parole, dans le fait que l'écriture retient, par ses signes duratifs, un passé qui, jusqu'à une époque assez récente, nous aurait échappé. L'écriture n'est pas fugitive comme la parole non enregistrée techniquement; elle fonctionne, au contraire, comme la mémoire de l'humanité. C'est à elle que l'histoire doit son existence. Le passé de certaines langues ne nous est connu que grâce à elle (ouvrages historiques et linguistiques, oeuvres littéraires, traités techniques, lettres, inscriptions). La prononciation d'une langue morte ou qui a beaucoup changé se reconstruit à l'aide d'éléments écrits: rimes et assonances que l'on compare, emprunts faits par des peuples environnants, transcriptions en caractères appartenant à un alphabet étranger (translittérations). Il est vrai que la tradition orale a transmis des souvenirs de génération en génération, mais elle l'a fait d'une manière moins parfaite parce que tous ceux qui participent à la tradition orale, peuvent déformer plus ou moins les faits.

Le scripteur et le lecteur atteignent un niveau de pensée supérieur à celui du locuteur, car l'écriture permet de voir d'un seul coup d'oeil un ensemble complexe de faits, ce sur quoi se fonde le développement des théories et des sciences, condition de tout progrès. Certaines activités mentales (le calcul, p. ex.) s'appuient surtout sur des symboles visuels.

8.1.2. Les désavantages sont également de nature diverse.

C'est une époque relativement récente qui nous a seulement permis de reproduire l'intonation et le rythme (grâce à l'enregistrement et la reproduction du son) et le geste (grâce à l'enregistrement photographique et la projection de vues animées), qu'on ne retrouve pas dans l'écriture. C'est pourquoi la langue écrite demande une explicitation dont la langue parlée se passe.

Les lettres représentent les sons d'une langue très imparfaitement: *a*) des lettres différentes s'emploient pour représenter un même phonème, p. ex. *c, q* et *k* dans *coq, kermesse*; *c, ç, s, ss, t* ou *x* dans *cent, garçon, jadis, lisser, animation, dix*; pour certaines voyelles, on peut même rencontrer en français des dizaines de graphies différentes; *b*) la même lettre ou la même combinaison de lettres est employée pour des phonèmes différents: *c* dans *carpe, cercle*; *ch* dans *chapelle, psychologue*; *gn* dans *bagne, stagner*; *ll* dans *ville, camomille*; *s* dans *mars, oser*; *c*) deux ou trois lettres se combinent pour représenter un seul phonème: *ch*arrue, poi*ss*on, *t*aureau; *d*) une seule lettre représente (sans univocité) deux phonèmes qui se suivent: ta*x*e, e*x*aminer; *e*) telle ou telle lettre peut être muette: cle*f*, ne*z*, etc.

Ces imperfections (homophonie, polyphonie, non-articulation, nombre critiquable de graphèmes) sont attribuables à plusieurs facteurs: *a*) on se sert d'un alphabet créé pour une autre langue dont le système est bien différent (ainsi l'alphabet latin sert à noter de nombreuses langues; les alphabets locaux développés par certaines cités grecques antiques témoignent de l'inadaptation partielle de l'alphabet pris pour modèle: adopter, c'est adapter; *b*) l'orthographe suit mal l'évolution de la prononciation, particulièrement en français et en anglais (par opposition à l'italien et à l'espagnol), mais même en néerlandais, où elle n'est pas des plus capricieuses (cette langue maintient par conservatisme *ei* à côté de *ij* et *au* à côté de *ou*, quatre graphies pour deux diphtongues; etc.); *c*) l'orthographe donne des indications autres que phonologiques (morphologiques, syntaxiques, étymologiques, sémantiques et celles qui servent à la distinction d'homonymes, p. ex. *1*) le néerlandais met *d* au lieu de *t* dans le sing. *land* 'pays' (on entend *d* dans le pl. *landen*); *2*) l'accord du partic. passé en genre et en nombre: ces conséquences que j'avais prévues; *3*) la graphie *doigt* (du lat. *digitum*; *4*) l'homophonie de *dessein* et *dessin*, déverbaux d'un même verbe, variantes orthographiques utilisées obligatoirement selon le sens; *5*) l'utilité de la différenciation graphique de tant d'homonymes (*autel* vs *hôtel*, etc.) est indéniable, par opposition à l'homographie de *rue* (du lat. *ruga* 'voie' ou du lat. *ruta* 'plante …'); *d*) l'orthographe peut laisser au scripteur une certaine latitude, exploitée différemment: le Flamand écrira de préférence *kultuur* pour se distancier du fr. *culture*, tandis que le Hollandais mettra plutôt *cultuur* pour se détourner de l'all. *Kultur* (cf. Droste, 1979: 389); *e*) l'orthographe présente des inconséquences (dont le nombre est grand en français: graphies avec une double consonne et celles avec une consonne simple, p. ex. tonner vs détoner, aggraver vs agrandir; présence et absence de l'apostrophe dans s'entr'aimer et s'entraider, etc.; si l'on écrivait au moyen âge *ceaulx* ou *cheulx* (Jean d'Outremeuse, *Ly myreur des histors*, XIVe s.), du lat. pop. *ecce illos*, le *l* latin s'y trouve représenté trois fois parce que, dans les manuscrits, *x* était écrit au lieu de *us* et que *u* est un *l* vocalisé; *recepvoir* (ibid.), du lat. *recipere*, reproduit le *p* latin deux fois.

La notation d'un dialecte se fait généralement à l'aide du système d'écriture utilisé pour la langue standard, mais adapté selon les cas.

8.2.1. Il est très difficile de corriger les imperfections énumérées ci-dessus, malgré le long passé que l'écriture a derrière elle. Née de la nécessité de mieux organiser une société croissante, elle tire son origine du **pictogramme**, dessin porteur d'un message souvent pluri-interprétable au début. Ce dessin ne se réfère nullement à une forme linguistique, pas plus que l'**idéogramme**, qui représente une notion exprimée linguistiquement par une unité lexicale. Un pas entraîne l'autre: le **logogramme** va désigner en même temps le concept et le mot qui le dénote. Après que l'on est entré dans la voie de la phonétisation, le **phonogramme** note les consonnes qui forment le mot, les voyelles étant suppléées par le lecteur (système possible là où le timbre de la voyelle était imposé de quelque façon), et l'**écriture syllabique** représente une consonne et la voyelle précédente, suivante ou interconsonantique (l'indication des voyelles comporte donc à l'origine la multiplication des signes composant un syllabaire). Le dernier pas à faire, c'est la création de graphèmes qui représentent les voyelles séparément, c'est dire la création de l'**alphabet**, fait d'une immense portée, aboutissement d'une longue évolution, fruit d'une analyse et d'un processus d'abstraction progressifs. La décomposition de la parole en sons simples s'est substituée à la décomposition en tranches syllabiques: c'est le procédé le plus efficace. L'écriture a donc été basée sur le mot, la syllabe ou le phonème; c'est dire que l'on a connu des systèmes idéographiques, syllabiques et alphabétiques. Ajoutons que tous les peuples n'ont pas passé les mêmes stades dans le développement de leur écriture: si un système plus avancé est emprunté ailleurs, l'évolution que nous avons tracée est partielle.

Les idéogrammes sont plus ou moins réalistes ou stylisés («the pictures were conventiona-lized», cf. Sturtevant, 1960: 24); de toute façon, ils traversent un processus d'allégement, de simplification et de schématisation. Le stock des idéogrammes s'est évidemment révélé insuffisant. On s'explique que ces systèmes peu économiques et qui présentent tant d'autres inconvénients, en viennent à compter un bon nombre d'unités phonétiques comportant par elles-mêmes une prononciation fixe, indépendante du sens à exprimer, et auxquelles on peut faire appel un peu partout. Ils cèdent enfin le pas à un système essentiellement différent, la phonétisation exclusive, qui marque un très grand progrès; en effet, le nombre de signes va en diminuant de l'idéogramme (signes innombrables) à l'alphabet (moins de 30 caractères), en passant par le syllabisme (plus de 500 signes dans l'écriture assyro-babylonienne, sortie de l'écriture sumérienne). L'idéographie n'était concevable que dans les langues où la grammaire était réduite au minimum, p. ex., les langues monosyllabiques. Le système chinois, qui compte des dizaines de milliers de signes, est dépassé depuis de longs siècles et freine l'évolution. L'écriture syllabique (japonaise, p. ex.) a donc été créée pour des raisons d'économie et de commodité. Les Grecs ont emprunté ce système aux Phéniciens en l'ajustant, et ils ont ajouté des graphèmes correspondant à leurs voyelles. L'alphabet latin, qui a connu une si grande expansion, dérive de l'alphabet grec par l'intermédiaire de l'alphabet étrusco-italique. L'alphabet cyrillique, qui servit d'abord à transcrire le russe et le bulgare, est issu des capitales de l'alphabet grec.

Les hiéroglyphes (du grec *hieros* 'sacré', l'écriture étant d'origine divine pour les Égyptiens comme pour d'autres peuples) ont traversé plusieurs stades: les premiers eurent une valeur purement figurative (représentation d'un lion: 'lion'); ensuite, certains hiéroglyphes acquirent une valeur abstraite (homme dansant: 'joie'); l'écriture hiéroglyphique finit par être phono-graphique.

L'écriture dite cunéiforme, idéographique au début, phonétisée plus tard, servit en Mésopotamie à transcrire le sumérien.

L'alphabet runique a été employé dans le monde germanique tout entier; les runes tombèrent presque partout en désuétude au cours des XIVe et XVe ss.

Les améliorations majeures de l'écriture coïncidèrent avec l'emploi d'un système donné pour une autre langue. La généalogie des systèmes graphiques est indépendante de celle des langues. La politique détermine souvent l'emploi d'un alphabet: pour toutes les langues employées en Union soviétique, on utilise l'alphabet cyrillique.

8.2.2. Si l'écriture, utilisée en absence du destinataire, dérive de la parole, elle mène en quelque sorte une existence à elle et elle peut agir sur la parole au point de vue de la prononciation.

Pour être secondaire par rapport à la parole, l'écrit n'en est pas simplement l'image réfléchie, c'est une forme à part de l'usage de la langue: il s'en distingue souvent par le choix des mots et la construction de la phrase; la langue d'un texte écrit est en général plus correcte et plus soignée que celle de la conversation. Il ne s'agit pas ici de l'écriture considérée en elle-même, mais de l'usage qu'on en fait.

Sous l'angle phonétique, l'orthographe exerce une certaine influence sur la prononciation; songeons, p. ex., aux consonnes jadis muettes: observer, admettre, hymne, puisque, etc. (cf. Pope, 1952: 292), autant d'exemples d'interaction.

8.2.3. Aucun alphabet n'a réalisé l'idéal qui consiste à produire des suites de graphèmes univoques et toujours articulés. Ce paraît être impossible dans la pratique pour des raisons diverses: on connaît les échecs de ceux qui se sont occupés d'une réforme de l'orthographe. Cela n'empêche pas que la situation orthographique est souvent pire qu'il ne faudrait. Si un alphabet parfait existait, il faudrait d'ailleurs le maintenir constamment au courant de l'évolution de la langue, qui change sans cesse: certains phonèmes (les fricatives interdentales, quelques voyelles nasales) ont disparu du système phonétique français, tandis que la nasale vélaire a pris une extension considérable grâce aux mots en *-ing* empruntés à l'anglais.

8.3. Étant donné la défectuosité de l'alphabet commun et l'arbitraire de l'orthographe d'usage, l'enseignement des langues étrangères se voit obligé de recourir à un système de signes phonétiques figurant régulièrement et univoquement les voyelles, les consonnes, les affriquées, la quantité, la place de l'accent tonique, etc., système basé sur le principe: un seul signe pour chaque son, un seul son pour chaque signe.

8.3.1. On choisit en général l'alphabet de l'*Association phonétique internationale*. Il n'est pas nécessaire de marquer la place de l'accent quand il s'agit d'une langue qui possède un accent fixe (sur la première syllabe en tchèque, la pénultième en polonais, la dernière en français). La durée vocalique n'est pas toujours notée; la syllabation l'est rarement. Tel dictionnaire transcrit toutes les entrées; tel autre transcrit seulement, souvent en partie, celles qui se soustraient aux règles générales.

8.3.2. On prend comme norme la prononciation soignée entendue dans les milieux cultivés (de la capitale). Certains lexicographes tentent de noter une prononciation moyenne. De toute façon, nous déconseillons d'être indulgent à l'égard de la dégradation de la prononciation (cf. Matoré, 1967: 262).

La prononciation des noms propres étrangers n'est pas toujours fermement établie. Il existe en français, p. ex., trois possibilités: *1*) francisation partielle, usage le plus répandu parmi les personnes cultivées; *2*) reproduction (souvent snob) la meilleure possible de la prononciation étrangère, qui suppose la connaissance de la langue en question; *3*) francisation entière, fréquente dans le parler populaire (cf. Warnant, 1963: XIII). Quant aux noms communs étrangers, citons Josette Rey-Debove (1981: XV-XVI): «On prendra bien en garde de ne pas confondre la prononciation en français avec celle qui a cours en anglais; l'écart peut être plus ou moins grand, mais il existe toujours une différence, le français ne possédant pas les mêmes phonèmes (...) et n'ayant pas le même accent tonique (...). Nous avons décrit la (ou les) prononciation(s) des personnes cultivées, qui se situe généralement quelque part entre la prononciation anglaise réelle et une prononciation totalement francisée; cette dernière est populaire ou ironique, sauf pour les emprunts intégrés de longue date. Il arrive aussi que l'usager prononce des anglicismes à l'anglaise, soit parce qu'il est bilingue et ne peut s'en empêcher, soit dans l'intention de montrer qu'il connaît l'anglais et le respecte. Cette pratique va à l'encontre de l'intégration.» On demeure dans l'incertitude, témoin la présence fréquente de plus d'une transcription, témoin les divergences entre, p. ex., les *Robert* et les *Larousse*.

9. TYPOGRAPHIE

9.1. Quant au traitement typographique de l'entrée, nous regrettons l'emploi de capitales de dimensions toujours égales dans certains dictionnaires, dont les utilisateurs se demanderont de temps à autre s'ils doivent ou non se servir d'une majuscule en tête de tel ou tel mot. Nous préférons, avec l'éditeur du *Grand Larousse encyclopédique*, l'emploi de capitales de dimensions inégales.

9.2.1. L'emploi des parenthèses pourrait induire parfois le lecteur en erreur. Lorsqu'un francophone lit ceci : revers de la main *(klap met de) rug van de hand*, où une seule formulation inclut deux traductions divergentes, dont l'une nécessite l'adjonction de la parenthèse, qu'est-ce qui l'empêche de croire que les néerlandophones disent elliptiquement *rug van de hand* ('dos de la main') au lieu de *klap* ('gifle, soufflet') *met de rug van de hand*?

9.2.2. On ouvre un dictionnaire français-néerlandais à la page où se trouve le verbe **racoler**; une des traductions est rédigée comme suit : *mannen aanklampen*, traduction correcte en construction absolue mais partiellement inutilisable dans des phrases telles que : elle racole les passants *zij klampt de voorbijgangers aan*. On aurait donc mieux fait de mettre *mannen* 'des hommes' entre parenthèses [cf. PR : «solliciter (un client)»].

10. INFORMATION D'ORDRE GRAMMATICAL

10.1. Il serait à souhaiter que les lexicographes affectent d'une marque les adjectifs qui ne peuvent être attribut (**solaire**, p. ex.) ou épithéte, ainsi que ceux qui ne reçoivent pas les degrés de comparaison (**excessif**, p. ex.).

Opposons l'italien au néerlandais. *Un soldato sbronzo* ne saurait être traduit en néerlandais par **'n kachele soldaat* parce que **kachel**, substantif ('poêle, appareil de chauffage') qui ne passe à la catégorie des adjectifs qu'au sens de 'noir, paf', ne fonctionne jamais comme épithète. On peut cependant recourir à un adjectif synonyme du même niveau de langue: *'n bezopen soldaat.* Et **kachel** connaît une autre limitation d'emploi, ne recevant pas les degrés de comparaison: si *il capitano è più sbronzo del soldato* 'le capitaine est plus ivre que le soldat' est correct, **de kapitein is kacheler dan de soldaat* est agrammatical, mais **kacheler* peut être remplacé par *bezopener*.

10.2. Il serait utile d'indiquer l'auxiliaire avec lequel se conjugue, dans la langue étrangère, le verbe présenté comme entrée, s'il en existe plus d'un qui ont une distribution différente.

11. LES MARQUES D'USAGE

11.1.1. Chaque dictionnaire contient un tableau des signes conventionnels et abréviations, dont une partie importante consiste en marques d'usage. Celles-ci ne qualifient pas le référent (la chose dénommée), qui est de nature extra-linguistique, mais le signe linguistique qui y renvoie. Elles sont d'ordre spatial (*dial., région.*), temporel (*vi, vx, mod.*), sociolinguistique (*arg., fam., pop., vulg.*) ou stylistique (*litt., poét.*, etc.) ou bien elles indiquent le domaine (technique, scientifique) auquel l'emploi du terme concerné est limité par opposition au secteur courant de la langue; (*péj.*) accompagne un terme qui n'a pas uniquement un sens défavorable.

11.1.2. La fonction des marques qualifiant des emplois techniques ou scientifiques est équivoque dans certains dictionnaires: (*anat.*), p. ex., y signifie tantôt que la traduction appartient à un domaine spécialisé, tantôt qu'on invoque le point de vue anatomique comme principe ordinateur pour la séparer d'autres traductions, sans qu'il s'agisse d'un terme scientifique (le sens en cause est courant).

11.1.3. Si le référent n'existe plus, cela n'implique pas que le signifiant est vieux: il peut être vivant dans la littérature historique.

Précisons le sens de quelques marques d'usage d'ordre temporel. *Vieux* signifie 'sorti de l'usage'; *vieilli* 'sortant de l'usage'. Le premier terme s'applique à la partie morte; l'autre, à la partie mourante de la langue. *Vieilli* recouvre un vocabulaire à la fois actif et passif: actif en ce qui concerne les personnes âgées, passif pour ce qui est des jeunes gens (cf. GR: XL; Rey-Debove, 1971: 98-99). Si un mot vieux est employé par effet de style, on l'appelle *archaïsme*. Certains mots vieux restent vivants dans un syntagme figé, p. ex. **fur** (vieux depuis le XVIIIe s.) dans *au fur et à mesure (que)*, **férir** (déjà vieux au XVIIe s.) dans *sans coup férir*. La marque *vi/vx* exprime une constatation et en même temps, elle a pour effet de mettre le lecteur en garde contre un usage partiellement/entièrement disparu.

11.2.1. On est frappé de voir que, bien souvent, les marques d'usage de nature sociolinguistique diffèrent d'un dictionnaire monolingue à l'autre dans des cas identiques, ce qui n'est pas fait pour alléger la tâche du lexicographe bilingue. Il faut que des qualificatifs comme *populaire* et *familier* représentent des concepts opérationnels. La décision de l'auteur du dictionnaire doit donc se baser sur des définitions justes et claires et l'application de procédés plus efficaces.

11.2.2. L'attribution de la marque *fam.* ou *pop.* ne porte pas sur le référent, mais sur la combinaison de tel signifiant et tel signifié.

11.2.3. *Fam.* se dit d'emplois (formes et sens) normaux dans une communication sociale aisée, dénuée de la contrainte propre aux échanges officiels, hiérarchiques, aux circonstances solennelles (cf. GR: XL et L). Ce terme ne dénote pas une appartenance sociale, à la différence de *pop*. Il s'applique surtout à la langue parlée un peu libre, mais aussi à l'usage écrit, là où il est question de relations épistolaires entre egaux, de la reproduction d'une conversation entre égaux chez un écrivain.

11.2.4. *Pop.* se dit d'emplois caractéristiques des couches modestes de la population (cf. DL), formées en gros par ceux qui n'ont pas fait d'études secondaires (cf. Stourdzé, 1969: 19). L'usage courant dans les milieux populaires des villes s'oppose non seulement à celui des classes cultivées ou aristocratiques, mais aussi au parler grossier, trivial.

11.2.5. Le langage familier trouve ses limites dans la situation; le langage populaire, dans la structure de la société. La distinction entre *fam.* et *pop.* est donc loin d'être superflue, comme le pensent certains lexicographes.

Il nous paraît possible que le peuple ne dispose que d'un seul système linguistique, qui lui convient en toutes circonstances, système où les personnes cultivées et les aristocrates puisent à des moments donnés, lorsque, à la faveur de la situation concrète, ils se permettent certaines libertés linguistiques. Nous ne prétendons pas d'ailleurs que le langage familier prenne toujours racine dans le langage populaire; peut-être est-il créateur à ses heures, tout comme le renouvellement de la langue en général se fait tantôt par emprunt, tantôt par création. Josette Rey-Debove (1971: 93) est convaincue que le parler familier présente des différences d'une classe à l'autre.

Si le peuple ne dispose que d'un seul système linguistique, il faut conclure que, dans les situations d'inégalité sociale, les classes supérieures, en communiquant, s'imposent des restrictions que le peuple ignore. Un mot comme **cigarette** (synonymes familiers: cibiche, clope, pipe, sèche, tige) est employé par tout le monde dans n'importe quelle situation, appartient donc au secteur neutre de la langue, celui qui sert d'instrument de communication à tous en toute circonstance. La frontière entre le secteur familier et le secteur neutre est floue tant que les mots virtuellement neutres traversent une période de transition. Tant que des mots populaires sont en train de s'intégrer au secteur familier, il y a une marge d'indétermination qui rend la délimitation difficile. Et une fois qu'ils se sont solidement installés dans le secteur familier sans être devenus infidèles à leur origine, ils appartiennent en fait à deux secteurs de langue. On aurait tort de ne pas tenir compte du double rôle que joue souvent le langage populaire, dont une partie sert aussi de parler familier entre interlocuteurs socialement égaux dans les situations qui s'y prêtent.

Les deux systèmes se recouvrent donc partiellement. La zone commune nous semble exclure les expressions trop peuple, c'est-à-dire celles qui mettent en évidence l'infériorité culturelle; mais elle admettra celles qui excitent la gaieté ou qui ont une force expressive particulière sans choquer. Si le langage familier est utilisé en tous milieux, tous les milieux n'en font pas le même usage: l'expression populaire est employée sans retenue par le peuple; mais admise au niveau familier, son emploi est limité, conditionné. Du reste, on assiste aujourd'hui à une confusion alarmante des niveaux de langue.

11.2.6. Quand une expression argotique monte au niveau populaire, le nombre des utilisateurs augmente considérablement; si elle continue à monter jusqu'au niveau familier, le nombre des usagers croît encore, cette fois à un moindre degré; si elle se libère des entraves d'ordre social et situationnel en atteignant le secteur neutre de la langue, son rendement se maximalise. Si le degré de pénétration d'une unité lexicale dans un autre secteur est insuffisamment connu, le lexicographe s'est laissé guider trop souvent par son expérience personnelle, facteur de désaccord puisqu'elle est partielle et qu'elle diffère d'un individu à l'autre. C'est pourquoi nous recommandons de charger, dans une première phase, la rédaction tout entière de l'attribution des marques sociolinguistiques tout le long du dictionnaire monolingue pour que l'on complète réciproquement ce qui manque à l'expérience personnelle. Nous recommandons en outre l'introduction (encore très limitée dans le GR) de la marque *populaire et familier* sur une bien plus grande échelle dans tous les cas d'appartenance à deux niveaux de langue; si le degré de pénétration d'un mot populaire dans le langage familier est mal connu, on pourrait mettre (en utilisant une abréviation) *populaire et parfois familier*.

La distinction entre les niveaux de langue s'estompe quand on ajoute un adverbe d'intensité, p. ex. *très fam.* Il n'en est pas de même quand le GR se sert de la qualification *pop. et/ou fam.* parce qu'il s'agit alors d'expressions fonctionnant à deux niveaux de langue.

12. INFORMATION SÉMANTIQUE OU TRADUCTIONNELLE ADDITIONNELLE

12.1.1. Si les marques d'usage précèdent les traductions, d'autres renseignements lexicographiques les suivent. Les lexicologues condamnent à juste titre la présence de commentaires explicatifs ou encyclopédiques dans le dictionnaire bilingue, qui n'est pas appelé à analyser le signe ni à nous renseigner sur le monde, comme le font respectivement le dictionnaire monolingue et l'encyclopédie. Mais si la traduction d'une entrée est un polysème non accompagné d'au moins un synonyme, l'éclaircissement s'impose, non parce que le contenu du signe linguistique serait inconnu, mais qu'il est incertain quelle partie du contenu virtuel total est visée; la polysémie requiert alors que le sens en question soit indiqué allusivement (en ajoutant entre parenthèses des éléments définitoires) afin de préserver le lecteur d'un malentendu.

12.1.2. Pour lever l'incertitude, on fera bien, le cas échéant, d'ajouter au nom zoologique ou botanique le nom scientifique latin et au nom de certains corps composés la formule chimique.

12.1.3. Dans tous les cas où il est difficile de tirer de bonnes traductions d'un verbe pronominal de celles du verbe transitif correspondant, il sera utile de mentionner celles du premier.

12.1.4. Les interjections n'ont pas joui d'un traitement de faveur: le lexicographe s'est contenté le plus souvent d'en donner une ou plusieurs traductions. Qu'en fera le traducteur? Car plus d'une interjection exprime des sentiments différents, même opposés. Après avoir inventorié toutes les valeurs du mot dans Ls, l'auteur du dictionnaire ferait bien de classer les traductions qui y correspondent et d'indiquer la valeur affective de chaque groupe.

12.1.5. Le complément d'information accompagnant l'hétéronyme n'est pas toujours une définition en style télégraphique: après un verbe, il peut consister aussi en une série de substantifs désignant la personne ou la chose qui subit l'action faite par le sujet.

12.2. En général, les renseignements sémantiques additionnels sont inégalement présents dans les partie M-E et E-M, étant donné que le locuteur natif est mieux informé que l'étranger.

13. SYNONYMIE

Deux unités de comportement lexical sont synonymes pour autant que la substitution de l'une à l'autre ne modifie en rien le contenu du message concerné, p. ex. **bicyclette** — **vélo** — (*fam.*) **bécane** | **généraliste** — (*admin.*) **omnipraticien**. Elles appartiennent à la même partie du discours, elles ont le même sens (du moins cognitif), mais elles sont dissemblables en ce qui concerne leurs formes perceptibles (acoustiques, graphiques). Même si on se place uniquement au point de vue de la dénotation, la synonymie stricte est relativement rare. On la rencontre particulièrement dans le domaine de la biologie, où un terme scientifique et son équivalent courant ont le même référé. La synonymie dénotative est loin de permettre toujours l'emploi des deux unités lexicales dans tous les contextes; en effet, on ne doit pas négliger le niveau de langue ni les valeurs affectives. L'intérêt que présente la synonymie pour le traducteur, c'est la possibilité de variation stylistique. Seulement, il ne perdra pas de vue la justesse de l'expression; l'environnement contrebalance éventuellement l'imprécision d'un synonyme, ce que le lexicographe illustrera au besoin d'un exemple. Les distributions des parasynonymes ne sont pas exactement équivalentes; si l'on ne remplace pas le parasynonyme par un synonyme approprié, on doit le munir d'un modificateur convenable:

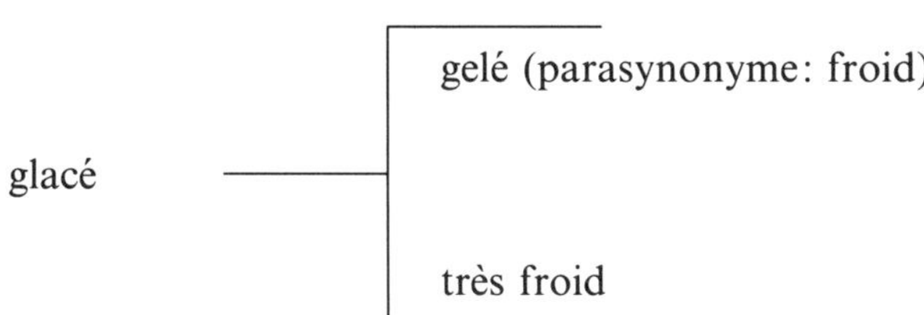

Les séries de synonymes ne sont nullement superflues dans aucune des deux parties du dictionnaire. Mais le lexicographe se gardera de donner à la synonymie une interprétation trop large, il se tiendra éloigné de la synonymie dite cumulative. La présence de certains synonymes peut être contestable; c'est qu'en général, la synonymie n'est pas mesurable. Son rôle sera plus ou moins important dans la mesure où le dictionnaire est extensif ou restrictif.

14. UN PROCÉDÉ STRUCTURALISTE UTILE: L'ANALYSE SÉMIQUE, GARANTIE ASSEZ SÛRE DE L'ÉQUIVALENCE

14.1. Le terme de *sens* a reçu bien des définitions (de Saussure, Martinet, Ullmann, Lyons, Prieto, Bloomfield, des générativistes, etc.). Pour le lexicographe, le sens lexical consiste théoriquement en ce que de nombreux sens contextuels ont en commun. C'est le rapport plus ou moins généralement reconnu entre un item lexical et un objet de pensée (entité physique ou psychique, réelle ou imaginaire) schématisé, considéré par abstraction. En effet, la dénomination des choses est une activité classificatrice; les objets sensibles portent un nom commun, c'est-à-dire on leur donne le nom d'une classe d'objets de pensée (**chien** embrasse une infinité de formes, de couleurs, de dimensions, etc.).

Les noms qui désignent une entité palpable ou visible sont qualifiés de *concrets*; ceux qui dénotent une qualité ou une relation, d'*abstraits*. Les derniers se définissent à l'aide de métaphores. La distinction importe, ce qui résulte du cas suivant: si tel verbe se construit en premier lieu avec un sujet concret, il prend un sens figuré dès qu'on l'emploie avec un sujet abstrait.

Ce qu'un individu parlant veut désigner en se servant de tel mot ou la représentation évoquée en fait par le signe linguistique chez l'individu recevant un message ne regardent pas le lexicographe.

La définition de bien des sens est toujours problématique, malgré les progrès faits depuis des siècles, et assez souvent, une approximation raisonnable est tout ce qu'on peut espérer.

14.2. Certaines lexies (ou unités de comportement lexical) qui ont un contenu sémantique complexe, sont difficiles à traduire, témoin le grand nombre de synonymes trop approximatifs par lesquels on tente parfois de rendre le concept dont l'entrée est porteuse. Il est nécessaire de déterminer soigneusement les limites de ce concept par rapport aux notions avec lesquelles il risque d'être confondu (cf. Quemada, 1967: 450). En effet, le non-isomorphisme sémantique diffère d'une langue à l'autre, et les équivalents approximatifs demandent l'adjonction d'un élément modificateur qui spécifie l'hyperonyme ou qui élargit l'hyponyme.

14.3. Le découpage sémique, tel qu'il a été élaboré par Pottier, Greimas et d'autres linguistes, permet de résoudre la majorité des difficultés auxquelles on s'achoppe. On utilise les définitions du mot entrée et celles de ses équivalents présumés dans l'autre langue. Ces définitions, empruntées aux meilleurs dictionnaires monolingues et qui divisent les genres superdonnés en espèces et les espèces en sous-espèces, nous fourniront les *sèmes* dont nous aurons besoin, c'est-à-dire les traits sémantiquement distinctifs, dont l'ensemble s'appelle *sémème*, synonyme de *signifié*. On distingue trois catégories de sèmes: les sèmes génériques (s. gén.), les sèmes spécifiques (s. sp.) reliés entre elles par des relations hiérarchiques et ceux de nature connotative (s. conn.). Les sèmes apparaissent mieux si l'on compare les sémantismes de *tous* les mots appartenant à un microsystème sémantique (p. ex., celui des sièges ou des moyens de transport); sans cela on risque d'oublier un trait essentiel. Ainsi la façon dont le PR définit **chaise** est inadéquate: «siège à dossier et sans bras», définition qui s'applique également à certains bancs; l'examen du microsystème *siège* aurait mis au jour les sèmes 'monoplace' et 'multiplace'. Il n'est pas toujours facile de cerner les sèmes requis. À mesure que le sème générique atteint un degré plus élevé d'abstraction, qu'il désigne une classe plus générale, il se décompose en plus d'éléments sémiques. On appelle parfois *classèmes* les sèmes qui concernent des classes très générales auxquelles appartiennent les définis, p. ex., '+ animé' (taureau), '− animé' (banc), '+ nombrable' (chaise), '− nombrable' ou 'continu' (sable), '+ transitif' (renverser), '− transitif' (marcher), etc. Certains générativistes opposent les traits sémantiques inhérents aux traits sémantiques contextuels (p. ex., 'exige un sujet animé'). La plupart des sèmes se retrouvent dans le signifié de nombreux termes:

lexèmes \ sèmes	bovin	adulte	non-adulte	mâle	femelle
vache	+	+			+
veau	+		+		

Le mot français **thorax** et le mot néerlandais **borstkas** ont la même application (cf. Lyons, 1970: 333). Or, pour nous il s'agit surtout de chercher des couples de mots dont la différence sémantique semble minimale, et de comparer leurs sémèmes (présence et absence de sèmes) en vue de l'admission ou du rejet des équivalents possibles. Toutefois, la différence de niveau de langue empêchera l'admission d'une traduction malgré l'identité intrinsèque des définitions. Si l'on va traduire le néerl. **leuk** par *marrant*, il faut tenir compte du fait que le mot néerlandais est neutre au point de vue sociolinguistique, tandis que le mot français est familier selon le GR (populaire selon le GLLF). Il n'en reste pas moins que l'analyse sémique est une technique permettant de montrer le degré d'équivalence sémantique entre deux hétéronymes.

14.3.1. Ce qui vient d'être dit n'implique pas que tout sème du mot entrée doive se retrouver sans aucune exception dans l'hétéronyme: le lexicographe traduira all. **Kirchenkonzert** par *concert spirituel* 'séance de musique religieuse', comptant qu'il ressortira du contexte que le concert a lieu dans une église (*Kirche*).

14.3.2. Néerl. **gezellig** '*de omgang aangenaam makend* (qui rend le commerce agréable)' | **agréable** 'que l'on trouve conforme à son goût, à ses désirs' (Foulquié, 1969²: 17). Le mot français a un sens plus général que le mot néerlandais; cependant, le contexte rétrécira sans doute le sens du mot français plus abstrait, si bien que l'on obtiendra dans la phrase l'équivalence voulue.

14.3.3. **Invasion** 'pénétration belliqueuse et massive des forces armées d'un État (sur le territoire d'un autre État')* ('pénétration' est le sème générique, suivi de plusieurs sèmes spécifiques) | **incursion** 'entrée, court séjour d'un envahisseur en pays ennemi' (GR) | néerl. **inval** '*plotselinge overschrijding van de grens van een gebied, met name onverwachte komst van een vijand*' (Geerts, 1984¹¹) ('franchissement subit de la frontière d'un territoire, notamment arrivée inattendue d'un ennemi').

Les deux mots français se laissent traduire en néerlandais par *inval*; seulement, le sémantisme du mot néerlandais est si large qu'il inclut les deux mots français. *Inval* demande donc à être précisé, p. ex., *massale* ('massif') *inval* et *inval van korte duur* ('de courte durée'), à moins que le contexte contienne déjà les sèmes ajoutés ici. Le lecteur comprendra que le lexicographe ne saurait s'arrêter au mot isolé, qu'il doit toujours prendre en considération les implications contextuelles. Ajoutons que, si l'on renonce à l'emploi du mot *inval*, on peut se servir respectivement de *invasie* et de *raid*.

On peut constater avec Robert Galisson (1979: 137): «La commutation joue le rôle de vérificateur après que la comparaison ait joué celui de révélateur.»

14.4. On aurait tort de sous-estimer l'équivalence précise, qui est menacée. La généralisation de l'instruction a indubitablement été salutaire. Cependant, la participation des masses à l'usage public de la langue grâce à la radio et à la télévision comporte des inconvénients: nous constatons qu'un parler trop souvent négligé fait obstacle à la pensée claire et efficace. Chez certains traducteurs, *langue contemporaine* est même plus ou moins synonyme de *langage plébéien*, ce qui amoindrit l'équivalence de leurs textes.

---

* le définisseur du GR semble s'être demandé s'il a affaire à un sème spécifique ou à un définissant logiquement superfétatoire, vu les parenthèses.

15. NÉCESSITÉ DE SE SOUSTRAIRE À CERTAINES INFLUENCES SOUVENT À PEINE PERCEPTIBLES

15.1. Sous l'empire de la logique

15.1.1. L'université développe chez ses élèves la pensée rationnelle, dont l'exercice est en principe fructueux mais qui n'est pas adéquate à toutes les situations. Ainsi, dans la vie d'une langue naturelle, c'est la communauté linguistique qui décide, même arbitrairement, c'est dire que l'usage est souvent incohérent, contraire à ce qui est rationnellement justifiable; et l'usager de la langue, le lexicographe en particulier, doit obéir, même si son goût du logique s'y oppose. Quant à l'analogie sémantico-syntaxique, méfiance est mère de sûreté. Choisissons quelques cas propres à illustrer les difficultés qui se présentent, adoptant d'abord le point de vue synchronique.

15.1.2.1. PRÉPOSITIONS.

Pourquoi peut-on «observer ses enfants *depuis* le perron» (cf. GR) tandis que l'on est obligé de dire «les voir *de* sa fenêtre»? C'est la provenance qui est marquée dans les deux cas.

On n'est pas critiqué lorsqu'on dit «lire une communication sur une pancarte», mais qu'on s'abstienne de dire «lire une communication *sur le journal*». Quelle logique exige l'emploi de *sur* dans le premier cas, celui de *dans* dans l'autre?

ADJECTIFS.

Dans les cas où l'adjectif qualificatif ne peut être attribut, il n'y a pourtant pas incompatibilité logique: *ce système est solaire (cf. DL: 12). Il serait utile de munir de tels adjectifs d'une marque spéciale.

VERBES.

«Atteindre son but, arriver (parvenir) à son but», tout cela est correct; mais on n'approuve ni *«remplir» ni *«réaliser son but». «Remplir un projet, un programme» ('réaliser') et «réaliser un objectif, des projets» font néanmoins partie de l'usage. Lisant dans le GR la définition des noms concernés, on se demande où réside l'incompatibilité logique: **but** 'ce que l'on se propose d'atteindre, ce à quoi l'on tente de parvenir'; **projet** 'image d'une situation, d'un état que l'on pense atteindre; **programme** 'suite d'actions que l'on se propose d'accomplir pour arriver à un résultat'; **objectif** 'but précis'. Ici encore, l'usage est arbitrairement restrictif.

D'autre part, il y a des facteurs qui rendent l'interdiction de l'usage moins absolue. Il s'agit du niveau de langue de certaines expressions ou de leur extension géographique. Donnons quelques exemples.

La langue standardisée n'admet que «causer avec qqn» bien que l'on dise «parler à qqn» mais aussi «parler avec qqn» et que les deux verbes supposent que l'on adresse la parole à quelqu'un. Cependant, l'interdiction ne s'étend pas au langage populaire.

Si l'on peut remplacer «(une affaire) d'importance» par «(une affaire) important(e)», il est logiquement possible que «conséquent» se substitue à «de conséquence». Toutefois, «conséquent» au sens de 'considérable, important' ne se dit que dans le langage familier, est considéré comme socialement marqué.

«C'est très émotionnant» est admis si l'on peut parler familièrement; sinon, il convient de dire «c'est très émouvant».

Curer 'nettoyer en raclant' et **récurer** 'nettoyer en frottant' présentent une incompatibilité logique; leur confusion assez fréquente est donc intolérable. Si en français régional, on entend pourtant «curer une casserole», ce n'est possible qu'en effaçant la distinction sémantique, tout en conservant le sème commun 'nettoyer' et en amputant le verbe préfixé. Ajoutons que «causer à» est aussi régional.

15.1.2.2. Adoptons ensuite le point de vue diachronique. La fuite du temps fait souvent oublier des critiques logiquement fondées à un moment du passé. Car, si telle ou telle évolution se généralise, il se peut qu'elles perdent leur légitimité.

Se suicider est un pléonasme, *se* équivalant à *sui-*.

Soi-disant 'qui prétend être tel' a été appliqué par extension à des choses: 'prétendu, qu'on ne reconnaît pas pour tel'. D'abord, la seule personne dont il s'agit se dit telle; plus tard, plusieurs personnes attribuent tel caractère faux à la personne ou la chose en question. C'est dire que l'dée de 'attribution erronée' se maintient, tandis que celle de 'action émanant du sujet et faisant retour à lui-même' est absente du second sens; comparons «une soi-disant voyante» et «les soi-disant avantages».

Il en va de même pour **risquer**: «risquer de guérir» n'était pas correct tant que le premier verbe impliquait uniquement une possibilité dangereuse ou fâcheuse, mais l'extension sémantique en a fait un verbe désignant une simple possibilité: 'avoir une chance de'.

Le rédacteur d'un dictionnaire bilingue doit donc s'appuyer sur la dernière édition des meilleurs dictionnaires monolingues, en tenant compte des facteurs qui compliquent l'état de choses.

15.1.3. En conclusion, tantôt l'usage restreint ce qui est logiquement possible, tantôt il adopte ce qui est logiquement inadmissible: malgré son caractère pléonastique, «se suicider», expression originairement incorrecte, a été consacré par l'usage; «de» réunit des sens opposés: 'qui va à' et 'qui vient de'. L'évolution sémantique peut lever une incompatibilité logique en se limitant à une région ou à un niveau de langue donnés. Le lexicographe évitera les combinaisons analogiques non réalisées par la communauté linguistique.

15.2. Idiolecte

En deuxième lieu, il est nécessaire de se détacher de son idiolecte, de se demander à chaque instant si telle expression fait partie de la langue de la communauté linguistique ou non. Tout ce qui est particulier à l'individu doit être écarté du dictionnaire, que le public est en droit de supposer représentatif de la collectivité en cause.

15.3. Sous l'empire de la langue maternelle
Aux frontières de deux civilisations ou deux systèmes en contact

15.3.1. L'auteur d'un dictionnaire général bilingue doit être réfractaire aux influences exercées par sa langue maternelle. Ainsi un Suisse, un Wallon, un Canadien de langue française qui traduit en français, se gardera d'admettre des helvétismes, des wallonismes, des canadianismes, des faux amis qui peuvent se glisser imperceptiblement dans le texte. Loin de nous l'intention de condamner les noms de réalités pour lesquelles le français commun n'a pas d'équivalent, les xénismes (ou pérégrinismes) nécessaires parce que inexprimables dans la langue réceptrice; mais en principe, les régionalismes ne doivent pas constituer un obstacle à la communication. On choisit donc le système linguistique qui connaît la plus grande extension, qui contribue mieux à l'unification (bien conçue, elle ne détruit pas les richesses régionales), p. ex., le français de Paris, le néerlandais standardisé des Pays-Bas.

Ci-dessous, nous allons élaborer l'exemple d'un lexicographe flamand qui, aux frontières de deux civilisations, compose un dictionnaire français-néerlandais. D'une part, il subit l'influence du français de Belgique; d'autre part, il se peut qu'il ne sache pas éviter entièrement les flandricismes (emplois propres au flamand mais étrangers au hollandais et même incompréhensibles aux Hollandais). Les particularités concernent lexique, locutions et syntaxe, morphologie et sémantique, synchronie et diachronie. Passons en revue quelques catégories d'écarts entre le sud-néerlandais et le néerlandais du Nord.

15.3.2.1. LE FLAMAND SOUS L'INFLUENCE DU FRANÇAIS

inspanning (pour *offer*) — (calque de:) effort 'sacrifice'
lijn (pour *regel*) — ligne
mutualiteit (pour *onderling fonds*) — mutualité
occasie (pour *koopje*) — occasion 'marché avantageux'
schatbewaarder (pour *penningmeester*) — (calque de:) trésorier
taks (pour *belasting, recht, strafport*) — taxe
tas en ondertas (pour *kop en schoteltje*) — tasse et sous-tasse (en Belgique)
uitgangsexamen (pour *eindexamen*) — (calque de:) examen de sortie
velo (pour *fiets*) — vélo
vest (pour *colbertjasje*) — veste
vijs (pour *schroef*) — vis
wachtzaal (pour *wachtkamer*) — salle d'attente
ontslaggevend (pour *aftredend*) — (calque de:)

qui donne sa démission

gevend   ontslag

uitgeput (pour *uitverkocht*) — (calque de:) épuisé 'dont le stock est entièrement écoulé'
wijs (pour *braaf, zoet*) — sage (en parlant d'un enfant)
zich aanbieden (pour *zich aandienen*) — (calque de:) se présenter
zijn ontslag geven (pour *zijn ontslag indienen*) — donner sa démission
eraan houden te (pour *er prijs op stellen te*) — (calque de:) tenir à 'vouloir fermement'
moeten (pour *schuldig zijn*) — devoir 'être redevable' (sens que *moeten* n'a jamais en hollandais)
uitgeven op (pour *uitkomen op*) — (calque de:) donner sur
verhelpen aan (pour *verhelpen*) — v. tr. indir. comme fr. «remédier à», v. tr. en holl.
zich aan iets verwachten (pour *iets verwachten*) — s'attendre à qqch. (cas analogue)
aan de prijs van (*aan* pour *tegen*) — au prix de (2500 francs)
in het gebied van (*in* pour *op*) — dans le domaine de
het plan van te (*van* pour *om*) — le projet de
bang zijn van (*van* pour *voor*) — avoir peur de

Le terme de *calque* implique assez souvent que deux sens d'un polysème français correspondent à un même hétéronyme en flamand, tandis que le hollandais se sert obligatoirement de deux traductions différentes.

15.3.2.2. LE FLAMAND PAR RAPPORT AU HOLLANDAIS

15.3.2.2.1. DANS SON INDIVIDUALITÉ MORPHOLOGIQUE

statie (pour *station*) 'gare'
studentin (pour *studente*) 'étudiante'
vaderons (pour *onzevader*) 'Pater'
verdiep (pour *verdieping*) 'étage'
vuilblik (pour *vuilnisblik*) 'pelle à poussière'

ziekverlof (pour *ziekteverlof*) 'congé de maladie'
spijts (pour ... *ten spijt, ondanks* ...) 'en dépit de'

15.3.2.2.2. DANS SON INDIVIDUALITÉ LEXICALE ET LOCUTIONNELLE

droogzwierder (pour *centrifuge*) 'essoreuse centrifuge'
eetplaats (pour *eetkamer*) 'salle à manger'
goesting (pour *lust, trek, zin*) 'goût, envie'
hesp (pour *ham*) 'jambon'
klak (pour *pet*) 'casquette'
missing (pour *vergissing, fout*) 'erreur'
pinnekensdraad (pour *prikkeldraad*) 'fil de fer barbelé'
Sinksen (pour *Pinksteren*) 'Pentecôte'
stapelhuis (pour *opslagplaats*) 'entrepôt'
stekske (pour *lucifer*) 'allumette'
stiel (pour *ambacht, vak, beroep*) 'métier'
treinboek (pour *spoorboekje*) 'indicateur des chemins de fer'
in voege (pour *van kracht*) 'en vigueur'
wegenis (pour *wegennet*) 'réseau routier'
woonst (pour *woning; woonplaats, domicilie*) 'habitation; domicile'
zitpenning (pour *presentiegeld*) 'jeton de présence'
zwans (pour *grap*) 'plaisanterie'
zwemdok (pour *zwembad*) 'piscine'
gekend (pour *bekend*) 'connu'
buizen (pour *zakken*) 'être collé (échouer à un examen)'
nood (pour *behoefte*) dans l'expression *nood hebben aan* 'avoir besoin de'
onderlijnen (pour *onderstrepen*) 'souligner' (au propre et au figuré)
op punt stellen (pour *in orde brengen*) 'arranger'
peizen (pour *denken*) 'penser'
zijn plan trekken (pour *zich weten te redden*) 'se débrouiller'
uitbaten (pour *exploiteren*) 'exploiter'
zinnens zijn te (pour *van plan zijn te*) 'avoir l'intention de'
omzeggens (pour *om zo te zeggen, zo goed als*) 'pour ainsi dire'
seffens (pour *aanstonds*) 'dans un instant'
eens dat (pour *zodra*) 'dès que'
zulle (pour l'interjection *hoor*) 'hein'

15.3.2.2.3. SOUS L'ANGLE DIACHRONIQUE

Il s'agit de mots vieux ou littéraires en hollandais mais encore vivants et courants en flamand:
hovenier (pour *tuinier*) 'jardinier'
nestel (pour *veter*) 'lacet'
nakend (pour *naderend*) 'imminent, proche'
schoon (vx dans la langue parlée des Pays-Bas, où l'on dit *mooi*) 'beau'
wenen (pour *huilen*) 'pleurer'
nochtans (pour *evenwel, toch*) 'toutefois, cependant'
vermits (pour *omdat*) 'parce que'

15.3.2.2.4. DANS SON INDIVIDUALITÉ SÉMANTIQUE

mot flamand	son sens	signifie en holl.	équivalent holl.
leiband	'laisse'	'lisière pour soutenir un enfant qui commence à marcher'	*lijn*
ouderling	'personne âgée	'ancien (membre d'un conseil presbytéral calviniste)'	*bejaarde*
stam	'talon (d'un chèque, p. ex.)'	'tronc', 'tribu', etc. (en flam. aussi)	*souche, talon*
valling	'rhume, refroidissement'	'inclinaison, déclivité, pente'	*verkoudheid, gevatte kou*
zetel	'chaise, fauteuil'	'siège'	*stoel*
aardig	'étrange'	'gentil, aimable'	*zonderling, vreemd*
brutaal	'brutal'	'impertinent'	*bruut*
deftig	'convenable, bien, comme il faut'	'distingué, aristocratique'	*net, fatsoenlijk*
onpaar	'impair (en parlant d'un nombre)'	'impair (qui n'a pas de double)'	*oneven*
vies	'étrange'	'sale'	*vreemd, raar, zonderling*
wijs	'sage (en parlant d'un enfant)'	'sage, sensé'	*braaf, zoet*
zwak	'leste, agile'	'faible'	*lenig, vlug*
omhalen	'collecter (des fonds)'	'abattre', etc.	*(geld) inzamelen*
uiteendoen	'expliquer'	'démonter, désassembler'; 'déployer, étaler'	*uitleggen, uiteenzetten*
verschieten	's'effrayer'	'perdre sa couleur'	*schrikken*
voorbehouden	'retenir, faire réserver'	'réserver'	*reserveren, bespreken*
terug	'encore, de nouveau'	(exprime le retour)	*weer*
over drie jaar	'il y a trois ans'	'dans trois ans'	*drie jaar geleden*
wanneer	'lorsque'	'quand'	*toen*

Remarque: nous n'excluons pas la coïncidence partielle du sémantisme des mots flamands et hollandais homographes.

15.3.2.2.5. DANS SON INDIVIDUALITÉ SYNTAXIQUE

kuis en holl. adj. 'chaste'; en flam. aussi n.m. 'ménage, travaux de propreté'
acht meters lang 'long de huit mètres'; sing. en holl.: *meter*
dezen die 'ceux qui'; holl. *zij die, degenen die*
ik ben erin gelukt 'j'y ai réussi', construction personnelle en flam., impersonnelle en holl.: *het is mij gelukt*

men belt 'on sonne', voix active en flam., voix passive et construction impersonnelle en holl.:
er wordt gebeld
wees gezeten 'assieds-toi', en holl. *ga zitten* (*wees* impér. du v. *zijn*: 'sois'; *gezeten* p.p. du v.
zitten: 'assis'; *ga* 'va')
een landschap waar iedereen komt naar kijken, en holl. *een landschap waar iedereen naar komt
kijken* 'un paysage que tous viennent voir'
doorheen prép. en flam. 'à travers', adv. en holl.
langs hier 'par ici' prép. + adv. en flam., adv. composé en holl.: *hierlangs*
moest ik ziek worden comparable au fr. «dussé-je tomber malade», en holl. *als ik ziek zou
worden* 'si je tombais malade'; le flamand s'oppose au hollandais par l'emploi du verbe
moeten 'devoir' à l'imparfait au lieu d'une conjonction (*als, indien*) et la postposition du sujet.

15.3.3. D'autres systèmes linguistiques se distinguent par des caractères analogues ou différents.

La résistance totale aux interférences est rare; il faut lutter consciemment et sans
relâche contre toute déviation de la norme linguistique (cf. Mounin, 1963: 5).

16. LE CHOIX DES UNITÉS TRANSLEXICALES

16.1.1. Il s'agit de ce que l'on nomme habituellement «exemples». Nous nous servirons souvent du terme *séquence* sémantiquement spécialisé, parce que *exemple* fait penser plutôt à un énoncé choisi librement parmi tant d'autres qu'il représente, tandis que, dans le dictionnaire bilingue idéal, la présence d'une unité translexicale est nécessaire toutes les fois que les relations entre la langue de départ et la langue d'arrivée sont isolément asymétriques, autrement dit, quand l'isomorphisme inter-lingual est irrégulièrement absent. Cependant, il y a des degrés de nécessité, ce qui se reflète dans le nombre et la nature des séquences que l'on trouve dans les dictionnaires plus ou moins extensifs ou restrictifs.

Le lexicologue s'occupe des mots; le syntacticien, de la combinaison des mots. On a donc affaire à deux disciplines bien distinctes. Malgré cela, les séquences pénètrent en masse dans le dictionnaire bilingue, qui ne saurait s'en passer. C'est que la syntaxe décrit essentiellement les règles selon lesquelles on combine les mots, ce qui est une activité généralisante, et que le dictionnaire se charge dans une large mesure du particulier. Si le syntacticien dresse des listes d'exceptions, ne demeurera-t-il pas plus éloigné de l'idéal de complétude que le lexicographe? Où trouvera-t-on d'ailleurs plus vite ou même uniquement les séquences qui se soustraient aux règles syntaxiques? La traduction d'unités lexicales et la syntaxe des cas particuliers font partie d'un programme unifié dans les dictionaires. En effet, le mot fonctionne par nature dans un environnement donné. Ce fonctionnement est soumis à d'innombra-bles restrictions dictées par l'usage et qui ne se plient que partiellement à des règles. La seule compétence lexicale et grammaticale ne suffit donc pas dans la production des énoncés. Les collocations étranges ou peu probables sont à éviter. Le diction-naire doit par conséquent dépasser la limite de l'unité lexicale, sinon l'utilisateur ignorerait quantité de possibilités, d'impossibilités et de contraintes collocationnel-les. Si l'on soutient que le dictionnaire (all. *Wörterbuch*, néerl. *woordenboek* 'livre de mots') exclut par définition les séquences, il est temps de se mettre d'accord sur une définition nouvelle du terme, car l'ensemble des règles de la syntaxe ne saurait englober tous les faits en cause. L'intérêt de l'environnement perce à chaque instant tout le long de ce livre. Ce que nous venons d'exposer porte évidemment sur le dictionnaire général bilingue, non sur le dictionnaire technique.

Il se peut que des séquences que l'on admettrait à tort dans un dictionnaire unilingue, aient besoin d'être insérées dans un dictionnaire bilingue quand, tout en étant globalement synonymes, elles se caractérisent par une composition profondé-ment différente dans la langue cible. D'autre part, si l'on peut induire la traduction d'une séquence de celle de ses constituants, son admission au dictionnaire bilingue est à déconseiller (trop souvent, on y rencontre des unités translexicales dont la présence n'est pas soutenable).

16.1.2. Quelles unités translexicales devrait-on insérer dans le dictionnaire bilingue? Quatre facteurs généraux nous paraissent décisifs: 1. l'existence d'oppositions interlinguales qui jouent un rôle dans la production d'un énoncé synonyme (la présence de cooccurrents logiquement inattendus mais privilégiés par l'usage, etc., etc.); 2. identité de procédés syntaxiques dans les deux langues, mais limitation de combinaisons pourtant logiquement possibles; 3. le fait que l'entrée ne reçoit pas une des traductions mentionnées; 4. la probabilité d'une traduction fautive. Si l'entrée est un nom d'animal, nous recommandons la mention du verbe signifiant son cri naturel, qui, même dans la langue maternelle, est loin d'être toujours connu.

16.1.3. Il nous paraît recommandable de réduire la longueur des séquences au strict nécessaire pour que d'autres trouvent place, elles aussi, dans le dictionnaire, auquel on demande tant d'information. Seul un grand dictionnaire monolingue peut contenir une abondance de belles phrases. Nous évitons, par conséquent, dans la mesure du possible, le mode personnel du verbe (cf. Rey-Debove, 1971: 303-306, où elle parle de la neutralisation de l'énoncé). Une proposition ou une phrase incomplète n'est pas inacceptable s'il s'agit de fournir uniquement l'information incluse dans l'énoncé partiel (un syntagme, une subordonnée adverbiale, etc.). Il importe de faire ressortir, dans le dictionnaire bilingue, toutes les oppositions caractérisant deux langues l'une vis-à-vis de l'autre. Cela contribuera à voir clair dans ce qui les sépare et, par conséquent, à l'amélioration des traductions.

Certaines oppositions à la fois intralinguales et interlinguales sauteront aux yeux grâce à la succession des séquences concernées:

... à main	all. *Hand-*, néerl. *hand-* (segment d'un mot composé)
à la main	all. *in der Hand*, néerl. *in de hand*
à sa main	all. *mühelos*, néerl. *moeiteloos*
sous main	all. *unter der Hand*, néerl. *ondershands*
sous la main	all. *bei der Hand*, néerl. *bij de hand*

Nous classerons les oppositions linguistiques par catégories; certaines séquences contenant plus d'une opposition rentrent inévitablement dans plus d'une catégorie.

16.1.4. L'ouvrage lexicographique étant de nature assez concrète, nous en bannissons l'information d'ordre traductionnel qui présente un caractère très général et qui reviendrait régulièrement (voir chap. 4).

16.1.5. Nous comparerons le français et parfois une autre langue romane à une langue germanique [l'allemand, l'anglais, le néerlandais; nous tenons à remercier le professeur Barbara Keller-Greiner (Columbus, OH) d'avoir assuré la correction des énoncés anglais et le docteur Luc Draye (Leuven) d'avoir bien voulu traduire des dizaines d'énoncés néerlandais en allemand], parce que l'opposition de deux langues apparentées à un degré éloigné est linguistiquement bien plus intéressante et révélatrice. Le premier membre de la comparaison sera en Ls (langue source); le second, en Lc (langue cible). Nous ne donnerons que les traductions qui illustrent tel ou tel fait, ce qui n'exclut pas d'autres possibilités. Il est évident que chaque couple de langues offre une image plus ou moins différente.

16.2.1. Inégalité numérique des moyens lexicaux

Ce premier facteur joue quand la disponibilité des moyens lexicaux diffère.

POLYSÉMIE VS PLURALITÉ DE SIGNIFIANTS

Si un polysème possède des sens contraires, les concepts en question ne seront pas forcément dénotés dans l'autre langue par un seul signifiant, bien au contraire:

le train de Bruges   all. *der Zug nach* ('qui va à')/*aus*
                                      ('qui vient de') *Brügge*; néerl. *de*
                                      trein naar/uit Brugge

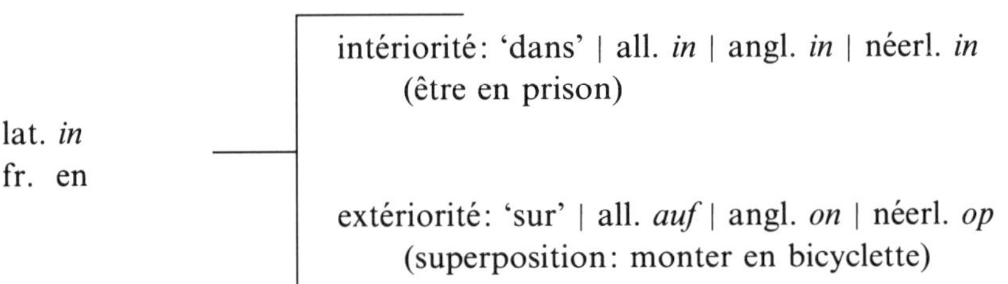

lat. *in*
fr. en

intériorité: 'dans' | all. *in* | angl. *in* | néerl. *in*
(être en prison)

extériorité: 'sur' | all. *auf* | angl. *on* | néerl. *op*
(superposition: monter en bicyclette)

Le fait d'embrasser deux sens opposés n'exclut pas l'existence de signifiants porteurs de chacun de ces sens dans la même langue:

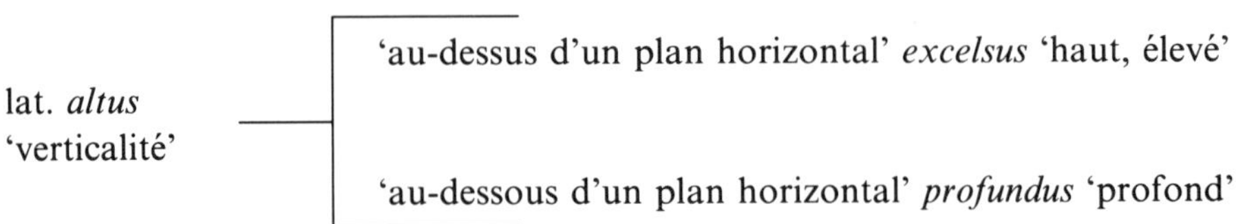

lat. *altus*
'verticalité'

'au-dessus d'un plan horizontal' *excelsus* 'haut, élevé'

'au-dessous d'un plan horizontal' *profundus* 'profond'

Le critère de désambiguïsation joue grâce au contexte ou à la situation.

Les oppositions asymétriques méritent d'être mises en relief: **maigre** s'oppose tantôt à *gras*, tantôt à *copieux* selon qu'il y a postposition ou antéposition de l'épithète par rapport au substantif: un repas maigre vs un maigre repas, opposition inconnue de l'allemand, p. ex. (*fleisch- und fettlose Mahlzeit* vs *karges Mahl*).

UNICITÉ VERBALE VS PLURALITÉ VERBALE

Deux verbes dont le second est à l'infinitif, figurent dans Ls contre un seul dans Lc:

il m'a aidé à mettre mon manteau	angl. *he helped me into my coat*; néerl. *hij hielp mij in mijn jas*
continuer à se battre	all. *weiterkämpfen*; néerl. *doorvechten*
continuer à lire	all. *weiterlesen*; néerl. *doorlezen*
siffler pour appeler son chien	all. *nach seinem Hund pfeifen*

Deux verbes dont le second est au gérondif, figurent dans Ls contre un seul dans Lc:

regarder en ricanant	all. *angrinsen*; angl. *to grin at*; néerl. *aangrijnzen*

SÉQUENCE VS MOT SIMPLE

maison religieuse	all. *Kloster*; néerl. *klooster*

SÉQUENCE VS COMPOSÉ

exempt de douane	all. *zollfrei*; angl. *tax-free*; néerl. *tolvrij*
mains moites de sueur	all. *Schweisshände*; néerl. *zweethanden*
maison commune	all. *Rathaus*; néerl. *gemeentehuis*
maison hantée	all. *Spukhaus*; néerl. *spookhuis*
maison mortuaire	all. *Sterbehaus, Trauerhaus*; néerl. *sterfhuis*
maison de rapport	all. *Mietswohnung*; néerl. *huurwoning*
bon marché	all. *preiswert*; néerl. *goedkoop*
marché monétaire	all. *Geldmarkt*; néerl. *geldmarkt*
politique de la main tendue	all. *Versöhnungspolitik*; néerl. *verzoeningspolitiek*

En général, le déterminé suit le déterminant dans les langues germaniques, au contraire du français.

16.2.2. Aspect syntaxique

Après l'aspect lexical, il faut considérer les différences de procédés constructionnels et de répartition de la charge sémantique sur les constituants, p. ex.:

	(néerl. *komen*)	(néerl. *thuis*)
re | venir		à la maison
néerl. *weer*	*thuiskomen*	
élément autonome en néerl.	composé en néerl.	
non-autonome en fr.	quatre éléments détachés en fr.	

16.2.2.1. VERBE OU LOCUTION VERBALE VS ADVERBE

se dépêcher (s'empresser, se hâter, se presser) de descendre — all. *schnell hinuntergehen*; angl. *to go down quickly*; néerl. *vlug naar beneden gaan*

avoir failli (avoir manqué de) tomber — all. *fast gefallen sein*; néerl. *bijna gevallen zijn*

venir à passer par là — all. *zufällig vorbeikommen*; néerl. *daar toevallig langs komen*

venir de partir — all. *gerade losgefahren sein*; néerl. *zojuist weggereden zijn*

je viens de le voir — all. *ich habe ihn gerade gesehen*; angl. *I saw him just now*; néerl. *ik heb hem zojuist gezien*

ne faire que d'arriver — all. *gerade angekommen sein*; néerl. *net aangekomen zijn*

ne pas tarder à rentrer — all. *bald nach Hause kommen*; néerl. *spoedig (weldra) thuiskomen*

16.2.2.2. Les éléments présents dans Ls mais absents de Lc sont de nature très diverse:

NOM

la même chose — all. *dasselbe*; néerl. *hetzelfde*

passer une serpillière sur — all. *aufwischen*; néerl. *(aan)dweilen*

ARTICLE DÉFINI

à la grande surprise de qqn — all. *zu jemands grosser Überraschung*; néerl. *tot iemands grote verbazing*

ARTICLE INDÉFINI

d'une voix forte — all. *mit lauter Stimme*; néerl. *met luide stem*

ADJECTIF POSSESSIF

il est potier de son métier — all. *er ist Töpfer von Beruf*; néerl. *hij is pottenbakker van beroep*

PRONOM PERSONNEL

comme il le prétend — all. *wie er behauptet*; néerl. *naar hij beweert*

ADVERBE PRONOMINAL

où en sommes-nous restés? — all. *wo waren wir geblieben?*; néerl. *waar zijn we gebleven?*

VERBE

nous voulons y aller — all. *wir möchten dahin*; néerl. *wij willen erheen*

envoyer qqn chercher le médecin — all. *jemanden nach dem Arzt schicken*; néerl. *iemand om de dokter sturen*

aider qqn à descendre de cheval — all. *einem vom Pferd helfen*; néerl. *iemand van het paard helpen*

cela s'est trouvé être impossible — all. *das hat sich als unmöglich erwiesen*; néerl. *dat is onmogelijk gebleken*

elle est loin d'être sévère — all. *sie ist alles andere als streng*; néerl. *zij is verre van streng*

ne faire qu'embellir — all. *immer schöner werden*; néerl. *steeds mooier worden*

n'en avoir jamais entendu parler — all. *nie davon gehört haben*; néerl. *er nooit van hebben gehoord*

il lui tarde de recevoir une lettre de	all. *er (sie) wartet ungeduldig auf einen Brief von*; néerl. *hij (zij) ziet ongeduldig uit naar een brief van*
il se pose la question de savoir	all. *es fragt sich, ob*; néerl. *het is de vraag of*
le train qui va à Gand	all. *der Zug nach Gent*; néerl. *de trein naar Gent*
le train qui vient de Malines	all. *der Zug aus Mecheln*; néerl. *de trein uit Mechelen*
l'opinion qui veut que	all. *die Behauptung, dass*; néerl. *de mening, dat*

PRÉPOSITION

à chaque instant	all. *jeden Augenblick*; néerl. *ieder ogenblik*
se rabattre trop vite après un dépassement	all. *jemanden schneiden*; néerl. *iemand snijden*
si j'étais de Maurice	all. *wenn ich Moritz wäre*; néerl. *als ik Maurits was*
haut (large) de quatre mètres	all. *vier Meter hoch (breit)*; néerl. *vier meter hoog (breed)*
ne pas fermer l'oeil de la nuit	all. *die ganze Nacht kein Auge zutun*; néerl. *de gehele nacht geen oog dichtdoen*
âgé de trente ans	all. *dreissig Jahre alt*; néerl. *dertig jaar oud*
pendant dix heures de suite	all. *zehn Stunden nacheinander*; néerl. *tien uur achtereen*

VERBE COMPLET VS VERBE (LOCUTION VERBALE) AMPUTÉ(E)

Un verbe complet dans Ls peut être représenté dans Lc par un verbe tronqué (le seul préfixe). Il s'agit tout particulièrement de verbes de mouvement [en all. surtout après les auxiliaires *können* 'pouvoir', *müssen* 'devoir' et *wollen* 'vouloir' (en néerl.: *kunnen, moeten, willen*)] et de locutions verbales amputées:

veux-tu m'accompagner?	all. *wilst du mit?* (scil. *mitgehen*); néerl. *wil je mee?* (scil. *meegaan*)
la lampe est allumée	all. *die Lampe ist an* (scil. *angezündet*, p.p. de *anzünden*); néerl. *de lamp is aan* (scil. *aangestoken*, p.p. de *aansteken*)

il m'est impossible de continuer ma route	all. *ich kann nicht weiter* (scil. *weitergehen*); néerl. *ik kan niet verder* (scil. *verder gaan*)
tu dois te coucher	all. *du musst ins Bett* ('au lit'); néerl. *jij moet naar bed* (scil. + *gaan*)
la chandelle est éteinte	all. *die Kerze ist aus* (scil. *ausgelöscht*, p.p. de *auslöschen*); néerl. *de kaars is uit* (scil. *uitgedoofd*, p.p. de *uitdoven*)
elle doit partir	all. *sie muss weg* (scil. *weggehen*); néerl. *zij moet weg* (scil. *weggaan*)

16.2.2.3. Lc se sert maintes fois d'un élément qui, en tant que tel, fait défaut dans Ls:

ARTICLE DÉFINI

à proximité du village	all. *in der Nähe des Dorfes*; néerl. *in de nabijheid van het dorp*
perdre patience	all. *die Geduld verlieren*; néerl. *zijn geduld verliezen*
tenir tête à qqn	all. *jemandem die Stirn bieten*; néerl. *iemand het hoofd bieden*

ARTICLE INDÉFINI

mettre fin à qqch.	all. *etwas ein Ende machen*; néerl. *ergens een einde aan maken*

ÉPITHÈTE

à son compte	all. *für eigene* ('propre') *Rechnung*; néerl. *voor eigen rekening*
je l'ai vu de mes yeux	all. *ich habe es mit eigenen Augen gesehen*; néerl *ik heb het met eigen ogen gezien*

ADVERBE

aussi ('en conséquence')	all. *denn auch*; néerl. *dan ook*
si je le vois, je le préviendrai	all. *wenn ich ihn sehe, so warne ich ihn*; néerl. *als ik hem zie, dan zal ik hem waarschuwen*

toujours (indiquant la persistance d'un état)	all. *noch immer*; néerl. *noch altijd*
infiniment plus beau	all. *unendlich viel schöner* (*schöner* 'plus beau'); néerl. *oneindig veel mooier*
elle ne l'aura pas fait exprès	all. *sie wird es wohl nicht absichtlich gemacht haben*; néerl. *zij zal het wel niet met opzet gedaan hebben*
pas aujourd'hui, mais demain	all. *heute nicht, aber morgen schon*; néerl. *vandaag niet, maar morgen wèl*
cela est	all. *so ist das*; néerl. *dat is zo*

PRÉPOSITION

se gratter l'oreille	all. *sich hinter den Ohren kratzen*; néerl. *zich achter de oren krabben*
veiller un malade	all. *bei einem Kranken wachen*; néerl. *bij een zieke waken*
naviguer en longeant la côte	all. *längs der Küste fahren*; néerl. *langs de kust varen*
les yeux fermés	all. *mit geschlossenen Augen*; néerl. *met gesloten ogen*
se ronger les ongles	all. *an den Nägeln kauen*; néerl. *op zijn nagels bijten*
je l'ai vendu mille francs	all. *ich habe es für tausend Franken verkauft*; néerl. *ik heb het voor duizend frank verkocht*

CONJONCTION

s'établir avocat	all. *sich als Advokat niederlassen*; néerl. *zich als advocaat vestigen*

16.2.2.4. L'aspect syntaxique peut concerner aussi une différence de catégorie grammaticale:

VERBE PERSONNEL VS VERBE IMPERSONNEL

je m'étonne	all. *es wundert mich*; néerl. *het verbaast mij*
je me plais ici	all. *es gefällt mir hier*; néerl. *het bevalt mij hier*

je regrette	all. *es tut mir leid*; néerl. *het spijt mij*
je réussis	all. *es gelingt mir*; néerl. *het gelukt mij*

L'inverse de ce phénomène se rencontre aussi:

il me faut manger	all. *ich muss essen*; néerl. *ik moet eten*
il me tarde de la revoir	all. *ich sehne mich danach, sie wiederzusehen*; angl. *I desire to see her again*; néerl. *ik verlang ernaar haar weer te zien*

GÉRONDIF VS SUBSTANTIF / INFINITIF SUBSTANTIVÉ / ADVERBIALE

En fonction du contexte, le gérondif se traduit en allemand et en néerlandais par un substantif précédé d'une préposition:

en travaillant (exprimant la simultanéité / la causalité)	all. *bei der Arbeit / durch die Arbeit*; néerl. *tijdens het werk; door arbeid*

Le gérondif français se traduit souvent, en allemand et en néerlandais, par un infinitif substantivé, précédé d'une préposition et l'article défini neutre, et suivi d'une préposition:

en lisant cette lettre	all. *beim Lesen des Briefes*; néerl. *bij het lezen van die brief*

Une autre langue romane, l'italien, connaît dans ce cas le même procédé syntaxique que les deux langues germaniques:

en lisant cette lettre	it. *al leggere di quella lettera*

Le gérondif se traduit aussi par une adverbiale temporelle (de simultanéité), conditionnelle ou concessive:

en travaillant	all. *während, wenn, obwohl er arbeitet*; néerl. *terwijl, wanneer, als, ofschoon (hoewel) hij werkt*

16.2.2.5. LOCUTIONS FIGÉES

Les locutions inaltérables ne souffrent aucune addition, leurs constituants ne sont pas interchangeables et ne peuvent pas faire l'objet d'une substitution; elles présentent une opposition interlinguale souvent grande:

tiré à quatre épingles	all. *wie aus dem Ei geschält*; angl. *looking very spruce (trim and neat, dapper, spick and span)*; néerl. *om door een ringetje te halen*

l'échapper belle	all. *mit knapper Not davonkommen*; néerl. *ternauwernood aan het gevaar ontsnappen*
à la bonne heure!	all. *mir recht!*; néerl. *mij goed!*
à coeur joie	all. *nach Herzenslust*; néerl. *naar hartelust*
sans coup férir	all. *ohne Blutvergiessen, ohne auf Widerstand zu stossen*; néerl. *zonder slag of stoot*

Dans la pratique, il n'est pas toujours facile de tracer une frontière nette entre le domaine des séquences libres (*free combinations*) et celui des séquences figées (*set combinations*; cf. Zgusta, 1971: 154). Les premières se composent d'éléments que l'environnement n'entraîne pas automatiquement, tandis que celles-ci ne contiennent que des éléments indissociables. Mais c'est là une distinction théorique à laquelle la réalité linguistique , qui est souvent d'une effroyable complexité, enlève à plusieurs reprises son caractère absolu.

16.2.2.6. ORDRE INTERVERTI

L'ordre des mots peut être interverti dans Lc par rapport à celui dans Ls, particulièrement dans des expressions figées:

aller et venir	all. *kommen und gehen*; néerl. *komen en gaan*
le flux et le reflux	all. *Ebbe und Flut*; angl. *ebb and flow*; néerl. *eb en vloed*
la faucille et le marteau	all. *Hammer und Sichel*; angl. *hammer and sickle*; néerl. *hamer en sikkel*
nuit et jour	all. *Tag und Nacht*; néerl. *dag en nacht*
pas encore	all. *noch nicht*; néerl. *nog niet*
tout cela	all. *das alles*; néerl. *dat alles*

16.2.2.7. NÉGATION VS AFFIRMATION

ne pas se faire sans résistance	all. *auf Widerstand stossen* 'rencontrer de la résistance'; angl. *to encounter opposition*; néerl. *op tegenstand stuiten*

16.2.2.8. UNICITÉ VS INFINITÉ TRADUCTIONNELLE

Le français connaît une locution où le substantif, dans son unicité, correspond à une infinité de traductions potentielles:

il y a fagots et fagots — all. *es gibt solche und solche*, où *solche* représente n'importe quel substantif pluriel dénotant les personnes ou les choses susceptibles d'un jugement (dé)favorable

16.2.2.9. AGRAMMATICALITÉ ACTUELLE

«Qui bon maître a, bon loyer a»: ce proverbe présente des anomalies en synchronie (l'antécédent implicite, le rejet du verbe à la fin de la proposition), mais non en diachronie. De telles anomalies ne se répètent pas nécessairement dans l'autre langue. Les énoncés proverbiaux qui ne sont bien formés que du point de vue de l'ancienne syntaxe, demandent donc (comme, en général, tous ceux qui manquent d'isomorphisme) à être enregistrés dans le dictionnaire bilingue.

Si un proverbe n'a, en tant que tel, aucun équivalent dans Lc, force sera de le rendre sous une forme non soumise à la contrainte de l'usage. Cela implique la nécessité lexicographique d'indiquer toujours le caractère non proverbial de certains énoncés dans une des deux langues:

au bout du fossé, la culbute — all. *das dicke Ende kommt noch*; néerl. *het eind zal de last dragen*

entre l'arbre et l'écorce, il ne faut pas mettre le doigt — all. *es ist am klügsten, man mischt sich nicht in einen Familienstreit ein*; néerl. *men moet zich niet mengen in een familietwist* (traductions libres)

qui bon maître a, bon loyer a — angl. *a good master is a good payer*; néerl. *een goede baas betaalt goed* (traductions libres)

16.2.2.10. ÉPISÉMIE

Il s'agit de locutions dont le sens global ne se déduit pas de leurs constituants et dont le sens figuré ne s'exprime pas d'une façon analogue dans l'autre langue. Mainte locution épisémique ne se prête pas à un mot à mot:

les mains m'en tombent — all. *ich bin aufs höchste erstaunt*; néerl. *ik ben stomverbaasd* (retraduit en fr.: je suis stupéfait)

16.2.2.11. (LOCUTIONS) PRÉPOSITION(NELLE)S

16.2.2.11.1. Nous mettons à part les cas où intervient une préposition, en raison de la problématique traductionnelle complexe qui lui est propre. Plus d'une préposition a un grand nombre d'équivalents dans une autre langue, p. ex. **à**, **de**, **par**; néerl. **bij, in, met, naar, op, over, uit, van, voor** (jusqu'à treize traductions en français pour *naar*, auxquelles il faut ajouter les cas de traduction zéro). Le choix de la traduction requise met le traducteur souvent dans l'embarras. C'est pourquoi la préposition demande une information plus ample que celle communiquée par la majorité des dictionnaires.

16.2.2.11.2. Locution prépositionnelle vs préposition:

au bord de la mer   all. *am Meer*; néerl. *aan zee*

16.2.2.11.3. La combinaison (locution) préposition(nelle) + préposition est inusitée dans l'autre langue:

elle demeure en face de chez moi   all. *sie wohnt mir gegenüber* (postposition en all.); néerl. *zij woont tegenover mij*

divorcer d'avec   all. *sich scheiden lassen von*; néerl. *scheiden van*

séparer d'avec   all. *trennen von*; néerl. *scheiden van*

quelqu'un d'entre vous   all. *einer von euch*; angl. *one of you*; néerl. *een van jullie*

16.2.2.11.4. Préposition accompagnée ou non d'un article. Le degré de régularité peut être inégal dans les deux langues comparées entre elles, ce dont témoignent les syntagmes que voici:

à (la) Noël   all. *zu Weihnachten*; néerl. *met Kerstmis*

à la Pentecôte   all. *zu Pfingsten*; néerl. *met Pinksteren*

à Pâques   all. *zu Ostern*; néerl. *met Pasen*

16.2.2.11.5. Emploi conditionné phonétiquement et/ou syntaxiquement dans une des deux langues. Les oppositions suivantes sont particulières au français:

au printemps   all. *im Frühling*; néerl. *in de lente*

en été, en automne, en hiver   all. *im Sommer, im Herbst, im Winter*; néerl. *in de zomer ('s zomers), in de herfst, in de winter ('s winters)* (l'initiale du substantif ne joue pas de rôle ici)

au Pérou	all., angl., néerl. *in Peru*
en Suède, en Égypte	all. *in Schweden, in Ägypten*; angl. *in Sweden, in Egypt*; néerl. *in Zweden, in Egypte*
aux Indes	all. *in Indien*; néerl. *in Indië* (la nature de l'initiale et la catégorie grammaticale ne jouent pas ici)

consister	à	(+ inf.)	
	dans	(+ art.)	all. *bestehen in*; angl. *to consist in*; néerl. *bestaan in*
	en	(— art.)	

16.2.2.11.6. Le choix de la préposition peut dénoncer un point de vue spatial qui varie d'une langue à l'autre :

dans la cour	all. *auf dem Innenhof*; néerl. *op de binnenplaats* *
dans l'escalier	all. *auf der Treppe*; néerl. *op de trap* *
dans la rue (angl. de Grande-Bretagne: *in the street*)	all. *auf der Strasse*; angl. d'Amérique *on the street*; néerl. *op straat**
boire dans un verre	all. *aus einem Glas trinken*; angl. *to drink from a glass*; néerl. *uit een glas drinken* **
habiter dans une île	all. *auf einer Insel wohnen*; angl. *to live on an island*; néerl. *op een eiland wonen* ***
prendre un objet dans un tiroir	all. *etwas aus einer Schublade nehmen*; angl. *to take something out of/from a drawer*; néerl. *iets uit een lade nemen* **
prendre un livre sur le rayon	all. *ein Buch vom Regal nehmen*; angl. *to take a book from the shelf*; néerl. *een boek van de plank nemen*****

---

*	intériorité par rapport à un contenant vs superposition (cf. Gougenheim, 1962: 310, que nous avons adapté)
**	intériorité par rapport à un contenant vs mouvement du dedans au dehors
***	intériorité par rapport à une surface vs superposition
****	superposition vs mouvement d'enlèvement

16.2.2.11.7. La substitution d'une préposition dans Ls peut entraîner, dans Lc, des conséquences dissemblables qui doivent être signalées dans le dictionnaire :

au hasard	all. *auf gut Glück*; néerl. *op goed geluk (af)*, *in het wilde weg*
par hasard	all. *durch Zufall*; néerl. *bij toeval* | (dans une interrogation) all. *etwa, vielleicht*; néerl. *soms, misschien*

à la ville	vs	à la campagne
dans la ville	vs	hors de la ville
en ville	vs	chez soi / dans un quartier extérieur de la ville

Le français se caractérise ici par une pluriformité étrangère à d'autres langues. Toutes les nuances en question se dégagent du contexte en allemand et en néerlandais, p. ex., langues qui ne disposent respectivement que de l'expression uniforme *in der Stadt*, *in de stad*, tandis que les acceptions divergentes se manifestent en français à l'aide de trois prépositions distinctes.

finir de se plaindre	all. *sich zu beklagen aufhören*; néerl. *ophouden met klagen*
finir de comprendre	angl. *to finish understanding*; néerl. *niet meer begrijpen*
finir par comprendre	all. *schliesslich verstehen*; angl. *to finally understand*; néerl. *eindelijk begrijpen* («finir par» se traduit par un adv. dans les langues germaniques)

16.2.2.11.8. Un participe présent français se traduit parfois par une préposition :

écriteau portant une inscription	all. *Schild mit einer Aufschrift*; néerl. *bord met opschrift*

16.2.2.12. Un des grands problèmes consiste certes à connaître toutes les possibilités, impossibilités et contraintes combinatoires. Plus le dictionnaire comporte de syntagmes et de propositions, plus il rend de services. Il faut pouvoir compter sur lui pour connaître la place de l'adjectif, pour choisir la préposition requise, pour être sûr que tel substantif peut s'accompagner de tel adjectif ou syntagme adjectival, que tel verbe admet tel substantif comme sujet ou complément d'objet, qu'il souffre la présence de tel adverbe ou syntagme adverbial, etc. Le traducteur se servira uniquement de suites de mots qu'il sait acceptées ou qu'il trouve dans un dictionnaire fiable; sans cela, il court de trop grands risques. En effet, l'usage est loin d'admettre toujours des combinaisons parfaitement conformes aux lois de la *logique* et compréhensibles par des locuteurs de langues maternelles très différentes. Il serait donc souhaitable que les dictionnaires mentionnent systématiquement les combinaisons d'unités lexicales problématiques, absentes de la grammaire et correctes du point de vue *linguistique*, surtout si leur fréquence est assez grande. Ou bien, à côté de dictionnaires généraux (monolingues, bilingues) et spécialisés, le traducteur devrait disposer d'un dictionnaire de collocations, qui lui permet de connaître les associations habituelles des unités lexicales avec d'autres unités, dictionnaire spécialisé au point de vue de la distribution parce qu'il offre des groupes de co-occurrents acceptés par la communauté linguistique (cf. Hausmann, 1977: 51). Ne se trouve-t-on pas de temps en temps dans l'incertitude, même s'il s'agit de la langue maternelle?

Depuis «marque la provenance avec une idée de continuité» (GR). Si *les autorités observent le cortège depuis une estrade* est correct, on rejette **communication transmise depuis* (pour *de*) *Rome*. Cet exemple, pour n'en citer qu'un seul, montre qu'il faut se méfier de l'analogie syntaxique en traduisant.

16.2.3. Il importe d'enregistrer les expressions où l'entrée reçoit une autre traduction que celle(s) que le lexicographe vient de citer: mariage de la main gauche, en all. *Konkubinat*, en angl. *concubinage, cohabitation*, en néerl. *concubinaat*, les hétéronymes de **mariage** étant en all. *Heirat, Ehe*, en angl. *marriage*, etc., en néerl. *huwelijk, echt(verbintenis)*.

16.2.4. La mention de séquences qui mènent presque automatiquement à une traduction incorrecte, s'impose. Il s'agit de ce qu'on appelle les «faux amis», signifiants qui se ressemblent dans les deux langues sans que les signifiés soient identiques. Plus d'un néerlandophone traduira, p. ex., «maison de retraite» par *retraitehuis* 'maison où se déroulent les exercices d'une retraite spirituelle' au lieu de *bejaardenhuis, bejaardencentrum*.

Des faux amis se trouvent aussi parmi les mots. Angl. *a private* n'est pas *une personne privée, mais un simple soldat (cf. Mounin, 1963: 3). «Un loquet» n'est pas en néerlandais **een loket* 'un guichet', mais *een klink*; de même, «un compas» n'est pas **een kompas* 'une boussole', mais *een passer*. De tels cas méritent d'être marqués typographiquement.

17. UNE MÊME PENSÉE HABILLÉE DE VÊTEMENTS DIVERS

17.1. Une règle du bien dire proscrit la réitération rapprochée de la même forme, sans tolérer l'emploi d'un substitut approximatif. Comme le traducteur doit varier le style avec souplesse, le lexicographe est tenu d'offrir à l'utilisateur du dictionnaire un choix de moyens d'expression qui sont tantôt d'ordre lexical (emploi de synonymes), tantôt d'ordre syntaxique (changement de tournure).

Ainsi l'apprenti traducteur pourra biffer, p. ex., *non seulement ..., mais encore* s'il exploite les possibilités suivantes: *non content de, outre, bien plus, que dis-je?, joindre à* (etc.), *aussi ... que, et ... et ...*; et l'on remplacera les expressions encombrantes *non seulement ... ne ... pas ..., mais encore* ou *tant s'en faut que ... qu'au contraire* par *bien loin de* (+ inf.). D'autre part, le lexicographe mettra le traducteur, dans la mesure du possible, en garde contre des énoncés synonymiques contraires à l'usage, en mentionnant, p. ex., *bataille de Verdun* (et non pas **combat de Verdun*).

Donnons ensuite un exemple de variation stylistique en comparant deux langues:

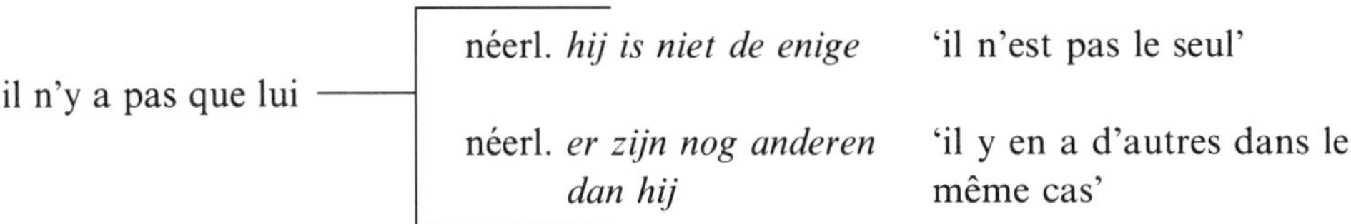

Il faut permettre au traducteur novice de bannir des réitérations injustifiées et fastidieuses, les mots ternes et incolores, les expressions lourdes ou dissonantes, d'alléger ses phrases, de les améliorer aux points de vue de la clarté, de l'expressivité, du rythme, de l'euphonie (élimination de gutturales accumulées, p. ex.; évidemment, on n'évitera pas la cacophonie s'il s'agit de reproduire des réalités peu agréables à l'oreille).

L'auteur d'un dictionnaire bilingue se rendra compte des nombreuses possibilités d'énoncer les mêmes pensées de façons diverses, ainsi que du fait que le français préfère le substantif au verbe, l'infinitif à une subordonnée introduite par une conjonction.

Bref, on substitue à tel terme tel autre terme, on change de catégorie lexicale ou grammaticale, ce qui peut avoir pour conséquence des modifications supplémentaires, suppressions ou adjonctions. C'est une technique que nous tenterons de résumer dans quelques pages (nous nous sommes inspiré en partie de Legrand, 1946[9], qui manie un système excellent).

Les procédés indiqués plus bas, dont certains sont extrêmement fréquents, ne se laissent pas appliquer sans limitation, parce que les moyens que la langue met à notre disposition, sont plus ou moins limités. Ensuite, la recherche du mot propre ne doit pas être sacrifiée à un tour plus élégant. Et enfin, comme l'affirme Legrand (1946⁹: 5), «des procédés de style, si ingénieux qu'on les suppose, ne suppléeront jamais à la formation du goût par l'étude approfondie des modèles.» La mise en jeu des procédés énumérés plus bas devra se faire d'une façon nuancée, avec une certaine réserve, pour garantir une équivalence parfaite. Ainsi l'emploi d'un terme plus général nécessitera une restriction sémantique proportionnelle dans son environnement.

Nous ferons abstraction de procédés hautement littéraires tels que l'emploi d'un substantif tenant lieu d'un adjectif: «penché sur la fugitivité de l'eau» (cf. Wartburg, 1969⁹: 242).

Nous mettrons entre | | le groupe de mots pour lequel nous proposerons une autre tournure.

Les exemples donnés ci-dessous présentent évidemment un caractère de réversibilité.

17.2.1. Certains **pronoms** que l'on préfère éviter, se laissent représenter par un substantif.

Ex.: retenez |cela| — ... mes paroles.

17.2.2. Le **verbe** s'accommode de toute une série de transformations. Ainsi un participe passé, un complément circonstanciel sans préposition, un infinitif précédé d'une préposition (*sans* si le participe est employé négativement) ou un verbe conjugué peuvent tenir lieu d'un participe présent. Le participe passé devient, si l'on veut, substantif ou verbe conjugué; il peut se défaire de son auxiliaire (pourvu que l'on se serve d'un autre verbe) et même changer de fonction. Un substantif (précédé ou non d'une préposition), un infinitif précédé de *à* ou un verbe conjugué se mettent souvent à la place d'un gérondif. Un substantif accompagné d'un adjectif représente de temps en temps un infinitif auquel se joint un adverbe. Et un verbe peut se mettre à la place d'une locution verbale.

Ex.: une méchanceté |allant| jusqu'au sadisme — ... poussée ...; le roi avançait, |portant le sceptre| — ..., le sceptre au poing; il a surpris deux cambrioleurs |forçant| la porte de son garage — ... à (en train de) forcer ...; elle a travaillé beaucoup, |n'obtenant pas| de résultat — ... sans obtenir ...; il s'irrite de cette réponse |équivalant| à un refus — ...: elle équivaut ... (procédé graphique: deux-points); |ayant tué son frère (sa soeur),| il s'enfuit à l'étranger — fratricide, ...; |ayant dîné, ils| partirent — ils dînèrent et ...; |ayant écarté toute prévention,| ils finirent par s'entendre — revenus de toutes leurs préventions, ...; |ayant terminé sa plaidoirie,| il s'assit — sa plaidoirie terminée, ...; j'ai appris cette nouvelle en lisant le journal de province — la lecture du journal de province m'a appris cette nouvelle / lecteur du journal de province, j'ai appris cette nouvelle; les toxicomanes parcourent la ville

|en cherchant| leur drogue — ... à la recherche de ...; |en procédant| ainsi, vous échouerez — à procéder ...; |en organisant habilement des voyages en Asie, il s'est fait| une grosse clientèle — son habileté à organiser des voyages en Asie lui a fourni ... (en même temps, l'adverbe de manière se substantive); vous recevrez un catalogue en écrivant à cette adresse — vous écrivez à cette adresse et vous recevrez un catalogue (il y a en outre inversion en pareil cas; mieux vaut |se taire longuement que de parler stupidement| — ... un long silence que des propos stupides; |il a une préférence marquée pour| la deuxième fille — il préfère manifestement ... (fait concomitant: adverbialisation de l'adjectif).

17.2.3. De temps à autre, on peut se servir d'un adjectif au lieu d'un **adverbe** et plus souvent, d'un syntagme (surtout prépositionnel). L'adverbe d'intensité peut s'absorber dans un adjectif sémantiquement plus fort. On retrouve parfois les adverbes de quantité, de lieu, de temps ou de manière dans le substantif d'une proposition équivalente. Le cas échéant, on recourt au tour positif plus élégant au lieu du tour négatif, sans perdre de vue la justesse de l'expression. Plusieurs adjectifs (*exclusif, seul, unique*) et verbes [*s'arrêter (à), se borner (à), se cantonner (dans), circonscrire (dans), se contenter (de), limiter (à), localiser (dans), renfermer (dans), réserver (à), restreindre, s'en tenir (à)*] permettent d'éviter l'usage de la locution adverbiale *ne ... que* (cf. Legrand, 1946[9]: 267-268). Le français connaît toute une série de verbes qui, sémantiquement parlant, jouent le même rôle qu'un adverbe.

Ex.: mot |employé souvent par| un auteur — ... fréquent chez ...; observer |lucidement| — ... d'un oeil lucide (avec adjonction d'un substantif); |beaucoup de| personnes — de nombreuses ...(ou: un grand nombre de ...); aveuglément — en aveugle; continuellement — sans cesse; excessivement — à l'excès; graduellement — par degrés; modérément — avec modération; préférablement — de préférence; réellement — en réalité; secrètement — sous main; vraisemblablement — selon toute apparence; fraternellement — comme un frère (syntagme introduit par une conjonction); un vent |très froid| — ... glacial; |où a-t-on envoyé| la lettre? — quelle est la destination de ... (emploi d'un verbe sémantiquement pauvre, résultant de la cession du sémantisme à un substantif); cela a duré |très longtemps| — ... une éternité; il vivra toujours dans la mémoire des hommes — il s'est immortalisé; la littérature française |peint inlassablement| l'homme — ... ne se lasse pas de peindre ... (le préfixe privatif devient adverbe de négation); |ne pas atteindre| son but — manquer ...; (ou utilisation d'un préfixe privatif) pas content — mécontent; pas favorable — défavorable; non lisible — illisible; non semblable — dissemblable; il ne tuera que le sanglier — le sanglier seul sera tué par lui; ces avantages |ne sont attribués qu'| aux membres de la famille royale — ... sont réservés ...; |il refuse obstinément| son accord — il s'obstine à refuser ... (fait concomitant: le verbe conjugué change en infinitif); |elle se dépêche de sortir| la voiture du garage — elle sort vite ...

17.2.4. Pour se débarrasser d'une **préposition**, surtout de prépositions accumulées, on fait appel à un verbe transitif direct ou bien on transforme le syntagme prépositionnel en sujet.

Ex.: |répondre de| la solvabilité d'un débiteur — garantir ...; on l'admire dans tout ce qu'il fait — tout ce qu'il fait provoque l'admiration (force est d'ajouter un nouveau verbe après la substantivation du verbe de la principale); |par cette porte on entre dans| la chambre du colonel — cette porte donne accès à ... (l'action exprimée par le premier verbe est rendue possible par celle signifiée par la locution verbale substitutive).

17.2.5. La substitution d'un infinitif au verbe conjugué de la subordonnée permet la suppression de la **conjonction** de subordination pourvu qu'il y ait unité de sujet. On obtient le même résultat en remplaçant le verbe d'une proposition substantive par un substantif (sujet, complément d'objet direct ou indirect).

Ex.: il croit |qu'il fait| mieux que son frère — ... faire ...; il nous a promis |qu'il se taira| — ... de se taire; |il arrive qu'elle prenne| ses repas au restaurant — il lui arrive de prendre ...; veux-tu |que la porte reste fermée?| — ... tenir la porte fermée? (la copule est remplacée par un verbe transitif); il pense qu'il réussira — il se flatte de réussir; ces paroles prouvent |combien elle est préoccupée de| mon avenir — ... sa préoccupation pour ... (de plus, changement de préposition).

17.2.5.1. *Que* introduisant une complétive peut fréquemment être éliminé avec le verbe de la subordonnée. La transformation du discours indirect en discours direct ou indirect libre nous donne également la possibilité de supprimer *que*.

Ex.: |je suppose qu'il a| un bon caractère — je lui suppose ... (le sujet de la subordonnée devient complément d'objet indirect); |elle présume qu'il est| innocent — elle le présume ... (le sujet de la subordonnée devient complément d'objet direct); ces messieurs |veulent que nous soyons| malheureux — ... nous veulent ...; je suis persuadé |qu'il est supérieur| — ... de sa supériorité (la conjonction change en préposition; le sujet de la subordonnée, en adjectif possessif; le syntagme verbal, en substantif); je crains |que l'armée ennemie ne nous attaque pendant la nuit| — ... une attaque nocturne de l'armée ennemie (où le verbe de la subordonnée change en substantif; le syntagme prépositionnel, en adjectif); le colonel juge |que la forteresse résistera aux attaques| — ... la forteresse inexpugnable (le sujet de la subordonnée devient complément d'objet direct du verbe de la principale; le verbe de la subordonnée, accompagné de son complément d'objet indirect, est remplacé par un adjectif); |je pense qu'| on aurait tort d'insister — à mon avis, ... (la proposition principale change en syntagme prépositionnel; la subordonnée, en indépendante).
Le policier dit enfin à la pauvre Lucrèce que son mari était mort assassiné — «Ma pauvre Lucrèce,» dit enfin le policier, «votre mari est mort assassiné» / Le policier dut enfin rompre le silence devant la pauvre Lucrèce. Son mari était mort assassiné.

17.2.5.2. L'expression de la causalité ne se fait pas uniquement à l'aide d'une conjonction de subordination, on a recours aussi soit à un substantif sujet au lieu d'une proposition subordonnée, soit à un syntagme prépositionnel, soit à *pour* suivi du passé de l'infinitif, soit à la conjonction de coordination *aussi*. Si la conjonction causale introduit une proposition sémantiquement négative, on peut la remplacer assez souvent par *faute de*.
Ex.: |comme cette nation prend une attitude belliqueuse, nous n'avons plus aucun| espoir de paix — l'attitude belliqueuse de cette nation nous interdit tout ...; comme elle est paresseuse, il l'a congédiée — sa paresse l'a amené à la congédier (en tel cas, force est d'ajouter un autre verbe); on l'a mis à la retraite |parce qu'il l'a demandé| — ... sur sa demande; il a été condamné |parce qu'il a| volé — ... pour avoir ...; ces étoffes |coûtent cher

parce qu'elles sont belles| — ... sont belles, aussi coûtent-elles cher; la police s'est vue obligée de le relâcher |parce qu'elle manquait de| preuves — ... faute de ...

17.2.5.3. *Au point de, assez pour* et *jusqu'à* suivis d'un infinitif se substituent heureusement à *que* consécutif (cf. Legrand, 1946[9]: 269-270). Il y a d'ailleurs une possibilité de plus: renversement de l'ordre des deux propositions et transformation de la principale en une exclamative introduite par *tant*.

Ex.: il a travaillé |tant qu'il y a perdu| sa santé — ... au point d'y perdre ...; il frappa |si fort que son adversaire tomba par terre| — ... au point de terrasser son adversaire (s'il n'y a pas unité de sujet, on remplace le verbe de la subordonnée); votre oncle vous aimait |tant qu'il vous a légué| son immense fortune — ... assez pour vous léguer ...; sa passion pour lui |était telle qu'elle troublait| sa raison — ... allait jusqu'à troubler ... (mais *jusqu'à* est suivi d'un autre verbe s'il n'y a pas unité de sujet); le contrecoup fut si violent que le fusil échappa de ses mains — le fusil échappa de ses mains, tant le contrecoup fut violent!

17.2.5.4. Se dispensant d'employer une conjonction concessive, on dispose de toute une série de moyens d'expression, savoir: suppression ou adaptation de la forme verbale, l'emploi d'un adverbe, de la préposition *pour* suivie de l'infinitif ou de *sans* si la conjonction introduit une proposition négative, de certains syntagmes prépositionnels, des locutions *quitte à* et *sauf à*, de la locution verbale *avoir beau*, du conditionnel, de l'imparfait ou du plus-que-parfait du subjonctif (avec inversion du sujet).

Ex.: les hommes ne sont que des hommes, quand bien même ils sont très grands — même très grands, les hommes ne sont que des hommes; |quand bien même il s'habillerait| avec plus de goût, je ne le supporterais pas — même habillé ...; |quoique l'autruche soit impropre au vol,| elle a des ailes — l'autruche est impropre au vol, et cependant ...; ah! |bien que je sois| dévot, je n'en suis pas moins homme — ... pour être ...; il reçut une gratification |bien qu'il ne l'eût pas| méritée — ... sans l'avoir ...; |bien qu'elle soit timide,| elle n'hésita pas — malgré sa timidité, ...; soyez juste, |quand bien même vous perdriez| votre place — ... quitte à (sauf à) perdre ...; |bien que la rafale secoue| la barque, la chanson du pêcheur va son train — la rafale a beau secouer ...; |quand même elle voudrait| le faire, elle ne le pourrait pas — voudrait-elle (voulût-elle) ...

17.2.5.5. Il en va de même pour les conjonctions conditionnelles, qu'on évite en profitant des possibilités suivantes: participe passé au lieu d'un verbe conjugué, *à* suivi de l'infinitif, *en cas de*, inversion du sujet, emploi de l'impératif, *sans* suivi d'un substantif si la proposition conditionnelle est négative. *Pourvu que* se laisse remplacer par la préposition *moyennant* ou la locution prépositionnelle *à condition de* suivie de l'infinitif.

Ex.: |si vous l'admettiez| chez vous, il serait l'homme le plus heureux du monde — admis ...; |si l'on fait| telle chose, on risque de se tuer — à faire ...; |si vous êtes empêché,| ne manquez pas de me prévenir — en cas d'empêchement, ...; |si elle avait| été seule, elle aurait renoncé — eût-elle ... (emploi du conditionnel); |si tu fais| un pas, je t'assomme — fais ...; |si je n'avais pas craint| de paraître indiscret, je lui aurais posé cette question — sans la crainte ...; vous l'acquerrez |pourvu que vous payiez| un prix augmenté — ... moyennant ...; tu partiras en vacances |pourvu que tu réussisses| ton examen — ... à condition de réussir ...

17.2.5.6. Abstraction faite de la conjonction temporelle, la temporalité se laisse exprimer d'autres façons divergentes: à l'aide d'un syntagme prépositionnel, d'un participe ou d'un adjectif au lieu d'une subordonnée, d'une proposition participiale absolue, ou encore en transformant la temporelle en un infinitif sujet.

Ex.: il prit le coffret à bijoux |pendant qu'elle dormait| — ... pendant son sommeil; |quand il fait très chaud,| nous habitons la montagne — durant les fortes chaleurs, ...; |lorsqu'il sera| parti, on ne le reverra plus — une fois ...; je t'aimais |quand tu étais infidèle| ... infidèle; |lorsque la ville eut été prise,| les soldats l'incendièrent — la ville prise, ...; quand on se trouve spirituel, on est insupportable — se trouver spirituel, c'est être insupportable.

17.2.6. Certaines **combinaisons** se laissent remplacer par un lexème: un syntagme adjectival par un adjectif; l'emploi de l'impératif permet la suppression du verbe qui exprime un ordre; tel verbe accompagné d'un adverbe ou d'un adjectif, tel syntagme verbal peut être réduit à un verbe simple. Il n'est pas rare qu'un verbe remplace à lui seul ceux de la principale et de la subordonnée.

Ex.: antérieur au mariage — anténuptial; sans limites — illimité; |il faut l'avertir| tout de suite — avertissez-le ...; inonder entièrement — submerger; |ne pas atteindre| le but — manquer ...; devenir plus mou (moins dur) — (s'a)mollir; rendre plus mou (moins dur) — amollir; |faire moins de| dépenses — réduire ses ...; |démontrer la fausseté d'| une accusation — infirmer ...; je pensais qu'on me l'expliquerait — je m'attendais à une explication (le verbe de la subordonnée se substantive).

17.2.7.1. Maintes fois il est possible de juxtaposer deux **propositions indépendantes** au lieu d'utiliser une principale et une subordonnée. Quelquefois un auteur change la subordonnée en principale, tandis que la principale se transforme soit en syntagme prépositionnel soit en incise. Une tournure impérative, interrogative, exclamative ou optative se substitue heureusement à certaines subordonnées substantives ou adverbiales.

Ex.: il a eu des enfants parce que sa femme en voulait — il a eu des enfants: sa femme en voulait (procédé graphique: deux-points); |chacun dit qu'| il a commis le meurtre — au dire de chacun, ... (la principale se fait syntagme prépositionnel tandis que la subordonnée assume le rôle de principale); |si vous cherchez,| vous trouverez — cherchez, et ...; je vais te servir un repas copieux |puisque tu as faim| — ...: n'as-tu pas faim?; on a tort de croire que l'esclavage a disparu du monde — l'esclavage aurait disparu du monde (le verbe se met au conditionnel); quelle erreur!; |je remercie le ciel de ce qu'| il m'a sauvé du naufrage — béni soit le ciel! ...

17.2.7.2. Si l'on veut faire disparaître une **relative,** on dispose des moyens que voici: l'emploi d'un adjectif, d'un possessif, d'un participe, d'un substantif en apposition, d'un complément déterminatif. Une proposition indépendante peut remplacer une relative explicative (entre deux propositions grammaticalement indépendantes, il y a souvent un rapport logique non extériorisé verbalement).

Ex.: une éruption volcanique |qui s'est produite avant| la fondation de Rome — ... antérieure à ...; un garçon |qui se décourage au premier obstacle| — ... prompt à se décourager; un mot |qui n'a pas de| sens — ... dépourvu de ...; un ouvrage |qui mérite d'|

être lu — ... digne d'...; l'aversion qu'il m'inspire — mon aversion pour lui; les changements |qui se sont produits| dans mon pays — ... survenus ...; monsieur Nivard, |qui corrige les| épreuves écrites — ..., correcteur des ...; le chemin |qui mène à| la perfection — ... de ...; |ce garçon, qui t'a rendu service,| mérite une récompense — ce garçon t'a rendu service; il ...

17.2.7.3. On pourrait substituer assez souvent une **proposition nominale** à une proposition qui comporte un verbe, ou se servir d'une expression qui se passe du verbe.

Ex.: tout à coup on entend le tintement d'une cloche — tout à coup le tintement d'une cloche; |il s'en faut de beaucoup que je pense| renoncer à des droits incontestables — loin de moi la pensée de ...

POSTFACE

Le but de ce petit manuel sans prétention est de permettre au lexicographe bilingue débutant de se mettre au travail après une période de préparation relativement courte. Nous avons envisagé la lexicographie bilingue sous tous ses angles; seulement nous nous sommes vu obligé de nous imposer des limites (e.a. dans les chapitres 13 et 14). Il est donc indispensable d'étudier, comme nous l'avons dit dans la préface, des traités spécialisés. Nous ne saurions trop insister sur la nécessité d'approfondir tout particulièrement la sémantique.

À condition de se préparer comme nous l'avons indiqué, le rédacteur d'un dictionnaire bilingue qui fait les premiers pas dans ce domaine sans avoir suivi les cours requis, surmontera plus souvent les difficultés qui auront surgi, verra mieux les problèmes très divers à résoudre et se laissera moins facilement prendre aux pièges que la lexicographie lui tend.

BIBLIOGRAPHIE SÉLECTIVE*

Ouvrages

ABRAHAM (Samuel) et KIEFER (Ferenc)
1966   *A Theory of Structural Semantics.*
  La Haye: Mouton
BALLY (Charles)
1965[4]   *Linguistique générale et linguistique française.*
  Berne: Francke
BENVENISTE (Émile)
1966   *Problèmes de linguistique générale.*
  Paris: Gallimard
BREKLE (Herbert Ernst)
1970   *Generative Satzsemantik und transformationnelle Syntax im System der englischen Nominalkomposition.*
  Munich: Fink
1972   *Semantik; eine Einführung in die sprachwissenschaftliche Bedeutungslehre.*
  Munich: Fink
BROWER (Reuben) (éd.)
1959   *On Translation.*
  Cambridge, Mass.: Harvard University Press
CARNAP (Rudolf)
1942   *Introduction to Semantics.*
  Cambridge, Mass.: Harvard University Press
1943   *Formalization of Logic.*
  Cambridge, Mass.: Harvard University Press
1964[4]   *Meaning and Necessity, a Study in Semantics and Modal Logic.*
  Chicago: University of Chicago Press
CARY (Edmond)
1956   *La traduction dans le monde moderne.*
  Genève: Georg
1986   *Comment faut-il traduire?*
  Lille: P.U.L.
CATACH (Nina), GOLFAND (Jeanne) et DENUX (Roger)
1972   *Orthographe et lexicographie. (2 vol.)*
  Paris: Didier
CATFORD (John Cunnison)
1965   *A Linguistic Theory of Translation. An Essay in Applied Linguistics.*
  Londres: Oxford University Press
COHEN (Marcel)
1959   *La grande invention de l'écriture et son évolution. (3 vol.)*
  Paris: Imprimerie Nationale

DELAVENAY (Émile)
    1963²   *La machine à traduire.*
                Paris: P.U.F. (coll. «Que sais-je?»)
DUBOIS (Jean et Claude)
    1971   *Introduction à la lexicographie: le dictionnaire.*
                Paris: Larousse
DUCROT (Oswald)
    1972   *Dire et ne pas dire, principes de sémantique linguistique.*
                Paris: Hermann
DUCROT (Oswald) et TZVETAN (Todorov)
    1972   *Dictionnaire encyclopédique des sciences du langage.*
                Paris: Le Seuil
FÉVRIER (James)
    1959²   *Histoire de l'écriture.*
                Paris: Payot
FISHMAN (Joshua A.) (éd.)
    1968   *Readings in the Sociology of Language.*
                La Haye: Mouton
GALISSON (Robert)
    1979   *Lexicologie et enseignement des langues.*
                Paris: Hachette
GALMICHE (M.)
    1975   *La sémantique générative.*
                Paris: Larousse
GHIZZETTI (Aldo) (éd.)
    1966   *Automatic Translation of Languages.*
                Oxford, Londres, New York, etc.: Pergamon Press
GOUGENHEIM (Georges)
    1962   *Système grammatical de la langue française.*
                Paris: d'Artrey
GREENBERG (Joseph)
    1957   *Essays in Linguistics.*
                Chicago: University of Chicago Press
GREIMAS (Algirdas Jules)
    1972   *Sémantique structurale.*
                Paris: Larousse
GREVISSE (Maurice)
    1964⁸   *Le bon usage. Grammaire française.*
                Gembloux: Duculot / Paris: Hatier
GUIRAUD (Pierre)
    1955   *La sémantique.*
                Paris: P.U.F. (coll. «Que sais-je?»)
HALLIG (Rudolf) et WARTBURG (Walther von)
    1963²   *Begriffssystem als Grundlage für die Lexicographie.*
                Berlin: Akademie Verlag
HARRIS (Zellig)
    1963   *Structural Linguistics.*
                Chicago: University of Chicago Press

HAUSMANN (Franz-Josef)
1977   *Einführung in die Benutzung der neufranzösischen Wörterbücher.*
                Tübingen: Max Niemeyer Verlag

HJELMSLEV (Louis)
1971   *Prolégomènes à une théorie du langage.*
(trad. fr.)   Paris: Éd. de Minuit

HOCKETT (Charles)
1958   *A Course in Modern Linguistics.*
                New York: Macmillan

HOUSEHOLDER (Fred) et SAPORTA (Sol) (éd.)
1967   *Problems in Lexicography.*
                Bloomington: Indiana University

HYMES (Dell) (éd.)
1964   *Language in Culture and Society: a Reader in Linguistics and Anthropology.*
                New York: Harper and Row

KATZ (Jerrold Jacob)
1972   *Semantic Theory.*
                New York: Harper and Row

LEGRAND (E.)
1946[9]   *Stylistique française. Livre du maître.*
                Paris: J. de Gigord

LYONS (John)
1970   *Linguistique générale. Introduction à la linguistique théorique.*
(trad. fr.)   Paris: Larousse

MARTINET (André)
1971[2]   *La prononciation du français contemporain.*
                Genève: Droz
1980   *Éléments de linguistique générale.*
(nouv. éd.)   Paris: Armand Colin

MATORÉ (Georges)
1953   *La méthode en lexicologie. Domaine français.*
                Paris: Didier
1968   *Histoire des dictionnaires français.*
                Paris: Larousse

MESCHONNIC (Henri)
1970   *Pour la poétique. Essai.*
                Paris: Gallimard

MORRIS (Charles)
1964   *Signification and Significance.*
                Cambridge, Mass.: MIT Press
1971   *Writings on the General Theory of Signs.*
                La Haye: Mouton

MOUNIN (Georges)
1963   *Les problèmes théoriques de la traduction.*
                Paris: Gallimard
1964   *La machine à traduire. Histoire des problèmes linguistiques.*
                La Haye: Mouton

NIDA (Eugene Albert)
1964   *Toward a Science of Translating, with Special Reference to Principles and Procedures Involved in Bible Translating.*
            Leyde: Brill

NIDA (Eugene) et TABOR (Charles)
1969   *The Theory and Practice of Translation.*
            Leyde: Brill
1975[a]   *Componential Analysis of Meaning; an Introduction to Semantic Structures.*
            La Haye: Mouton
1975[b]   *Exploring Semantic Structures.*
            Munich: Fink
1975[c]   *Language Structure and Translation; Essays.*
            Stanford University Press

OETTINGER (A.G.)
1960   *Automatic Language Translation.*
            Cambridge, Mass.: Harvard University Press

OGDEN (Charles Kay) et RICHARDS (Ivor Armstrong)
1946[8]   *The Meaning of Meaning.*
            Londres: Routledge and Kegan

PIKE (Kenneth)
1967   *Language in Relation to a Unified Theory of the Structure of Human Behavior.*
            La Haye et Paris: Mouton

POPE (M.K.)
1952[2]   *From Latin to Modern French, with Especial Consideration of Anglo-Norman.*
            Manchester: Manchester University Press

POTTIER (Bernard)
1963   *Recherches sur l'analyse sémantique en linguistique et en traduction mécanique.*
            Nancy: Faculté des Lettres de Nancy
1974   *Linguistique générale: théorie et description.*
            Paris: Klincksieck

QUEMADA (Bernard)
1967   *Les dictionnaires du français moderne (1539-1863). Étude sur leur histoire, leurs types et leurs méthodes.*
            Paris: Didier

REICHENBACH (Hans)
1947   *Elements of Symbolic Logic.*
            New York et Londres: Macmillan

REICHLING (Anton)
1967[2]   *Het woord. Een studie omtrent de grondslag van taal en taalgebruik.*
            Utrecht

REY (Alain)
1970   *La lexicologie. Lectures.*
            Paris: Klincksieck
1973 et   *Théories du signe et du sens. (2 vol.)*
1976   Paris: Klincksieck

REY-DEBOVE (Josette)
1971   *Étude linguistique et sémiotique des dictionnaires français contemporains.*
            La Haye et Paris: Mouton
ROSETTI (Alexandre)
1947[2]   *Le mot. Esquisse d'une théorie générale.*
            Copenhague et Bucarest
SALOMON (Louis Bernard)
1964   *Semantics and Common Sense.*
            Londres et New York: Holt, Rinehart and Winston
SAPIR (Edward)
1953   *Le langage.*
(trad. fr.) Paris: Payot
SAUSSURE (Ferdinand de)
1960[5]   *Cours de linguistique générale.*
            Paris: Payot
SCHAFF (Adam)
1968   *Introduction à la sémantique.*
(trad. fr.) Paris: Anthropos
STERN (Nils Gustaf)
1931   *Meaning and Change of Meaning, with Special Reference to the English Language.*
            Göteborg
STURTEVANT (Edgar)
1960   *An Introduction to Linguistic Science.*
            New Haven: Yale University Press
ULLMANN (Stephen)
1957[2]   *The Principles of Semantics.*
            Oxford: Blackwell / Glascow: Jackson
1962   *Semantics: an Introduction to the Science of Meaning.*
            Oxford: Blackwell
1969[4]   *Précis de sémantique française.*
            Berne: Francke
VINAY (Jean-Paul) et DARBELNET (Jean)
1968[2]   *Stylistique comparée du français et de l'anglais.*
            Paris: Didier
WAGNER (Robert-Léon)
1967   *Les vocabulaires français. I Définitions. Les dictionnaires.*
            Paris: Didier
WANDRUSZKA (Mario)
1969   *Sprachen, vergleichbar und unvergleichlich.*
            Munich: Piper
WARTBURG (Walther von)
1963   *Problèmes et méthodes de la linguistique.*
(trad. fr.) Paris: P.U.F.
1969[9]   *Évolution et structure de la langue française.*
            Berne: Francke
WEINREICH (Uriel)
1963   *Languages in Contact.*
            La Haye: Mouton

ZGUSTA (Ladislav) et al.
1971   *Manual of Lexicography.*
         Prague: Academia / La Haye et Paris: Mouton
ZIFF (Paul)
1960   *Semantic Analysis.*
         Ithaca, N.Y.: Cornell University Press

Articles

APRESJAN (J.D.)
1966   «Analyse distributionnelle des significations et champs sémantiques structu-
         rés» in *Langages* 1: 44-74
         Paris

BALDINGER (Kurt)
1964   «Sémasiologie et onomasiologie» in *Revue de linguistique romane* 28: 249-
         272
         Lyon et Paris
BALLY (Charles)
1940   «L'arbitraire du signe. Valeur et signification» in *Le français moderne* 8:
         193-206
         Paris
BLOOMFIELD (Leonard)
1926   «A Set of Postulates» in *Language* 2: 153 sqq.
         Baltimore: Linguistic Society of America
DROSTE (Flip)
1979   «Schrijven is geen spreken» in *Ons Erfdeel* 3: 382-396
         Rekkem, Belg.: Stichting Ons Erfdeel
FIRTH (John Rupert)
1956   «Linguistic Analysis and Translation» in *For Roman Jakobson*: 133-139
         La Haye: Mouton
FREI (Henri)
1961   «Désaccords»   in   *Cahiers*   *Ferdinand*   *de*   *Saussure*   18:   42-45
         Genève: Droz
KAHN (Félix)
1971-1972   «Traduction et linguistique» in *Cahiers Ferdinand de Saussure*: 21-42
         Genève: Droz
KATZ (Jerrold Jacob)
1967   «Recent Issues in Semantic Theory» in *Foundations of Language* 3: 124-194
         Dordrecht, Pays-Bas
KATZ (Jerrold) et FODOR (Jerry)
1966 et   «Structure   d'une   théorie   sémantique»   in   *Cahiers*   *de*   *lexicologie*
1967   1966 II: 39-72 et 1967 I: 47-66
         Paris: Didier
MESSELAAR (Petrus Adrianus)
1983   «Le contenu et la structure du dictionnaire général bilingue; quelques
         réflexions d'ordre lexicographique» in *Langue, dialecte, littérature, études*
         romanes à la mémoire de Hugo Plomteux édité par C.Angelet et al.: 379-395
         Leuven: Leuven University Press

1985[a]   «Polysémie et homonymie chez les lexicographes. Plaidoyer pour plus de systématisation» in *Cahiers de lexicologie* 46: 45-56
Paris: Didier

1985[b]   «Polysémie et homonymie dans des dictionnaires monolingues de deux pays romans» in *Quaderni di semantica* 11: 145-158
Bologne: Il Mulino

1986   «Réflexions sur le contenu de l'article lexicographique et le passage d'une langue à l'autre» in *I.T.L. Review of Applied Linguistics* 72: 53-82
Leuven: Afdeling Toegepaste Linguïstiek van de Katholieke Universiteit Leuven

1988[a]   «Tentative de systématisation en lexicographie bilingue malgré les limites de la sémantique» in *I.T.L. Review of Applied Linguistics* 79-80: 113-133
Leuven: Afdeling Toegepaste Linguïstiek van de Katholieke Universiteit Leuven

1988[b]   «Les marques 'familier' et 'populaire' envisagées des points de vue lexicologique et lexicographique» in *Cahiers de lexicologie* 53: 91-106
Paris: Didier

1988[c]   «Définissabilité problématique attribuable à un sémantisme mal saisissable et applicabilité difficile de certaines définitions» in *Quaderni di semantica* 17: 125-133
Bologne: Il Mulino

NEWMARK (Peter)
1975   «The Theory and the Craft of Translation» in *Language Teaching and C.I.L.T.* 1975: 5-26

POTTIER (Bernard)
1964   «Vers une sémantique moderne» in *Travaux de linguistique et de littérature* 2: 107-137
Strasbourg: Centre de Philologie et de Littérature romanes de l'Université de Strasbourg

1965   «La définition sémantique dans les dictionnaires» in *Travaux de linguistique et de littérature* 3: 33-40
Strasbourg: Centre de Philologie et de Littérature romanes de l'Université de Strasbourg

STOURDZÉ (C.)
1969   «Les niveaux de langue» in *Le français dans le monde* 65
Paris: Larousse

TOGEBY (Knud)
1949   «Qu'est-ce qu'un mot?» in *Travaux du Cercle Linguistique de Copenhague* 5: 97-111

VOGT (Hans)
1954   «Contacts of Languages» in *Word* 2-3: 365-374
New York: Journal of the Linguistic Cercle of New York

Du reste, nous renvoyons à la revue internationale de la traduction *Babel* (Bonn, dep. 1955), ainsi qu'aux *Cahiers de lexicologie* (qui contiennent, e.a., des articles ayant trait à l'automatisation dans l'étude du lexique).

Dictionnaires

AL (Bernard) et al.
   1983   *Van Dale. Groot woordenboek Frans-Nederlands.*
                 Utrecht et Anvers: Van Dale Lexicografie
DUBOIS (Jean) et al.
   1973   *Dictionnaire de linguistique.*
                 Paris: Larousse
FOULQUIÉ (Paul) et SAINT-JEAN (Raymond)
   1969[2]   *Dictionnaire de la langue philosophique.*
                 Paris: Presses Universitaires de France
GEERTS (G.), HEESTERMANS (H.) et KRUYSKAMP (C.)
   1984[11]   *Van Dale. Groot woordenboek der Nederlandse taal.* (3 vol.)
                 Utrecht et Anvers: Van Dale Lexicografie
GILLON (Étienne) et al. (dir.)
   1969   *Grand Larousse encyclopédique.* (10 vol. + suppl.)
                 Paris: Larousse
GUILBERT (Louis), LAGANE (René) et NIOBEY (Georges) (dir.)
   1971-1978   *Grand Larousse de la langue française.* (7 vol.)
                 Paris: Larousse
MACCHI (Vladimiro) (dir.)
   1970   *Dizionario delle Lingue Italiana e Tedesca. Parte prima Italiano-Tedesco.*
                 Florence et Rome: Sansoni / Wiesbaden: Brandstetter Verlag

MARTINET (André) et WALTER (Henriette)
   1973   *Dictionnaire de la prononciation française dans son usage réel.*
                 France-Expansion
REY-DEBOVE (Josette) et GAGNON (Gilberte)
   1980   *Dictionnaire des anglicismes.*
                 Paris: Le Robert
ROBERT (Paul) (dir. gén.)
   1977   *Le petit Robert. Dictionnaire alphabétique et analogique de la langue*
   (nouv. éd.)   *française.*
                 Paris: Société du Nouveau Littré
ROBERT (Paul) et REY (Alain)
   1985[2]   *Le grand Robert de la langue française. Dictionnaire alphabétique et analo-*
                 gique de la langue française. (9 vol.)
                 Paris: Le Robert
WARNANT (Léon)
   1968[3]   *Dictionnaire de la prononciation française.*
                 Gembloux: Duculot

* Textes cités, consultés ou recommandés concernant la lexicologie, la lexicographie, la prononciation, l'écriture, l'orthographe, les niveaux de langue, la grammaire, la linguistique générale (e.a., l'unité
lexicale), la sémantique (e.a., champs sémantiques, analyse sémique, etc.), la définition lexicographique,
la traduction (le cas échéant, programmée), les unités de traduction, les interférences interlinguales;
dictionnaires. Nous renvoyons le lecteur encore aux bibliographies contenues dans les ouvrages et les
périodiques mentionnés.

ORIENTALISTE, P.B. 41, B-3000 Leuven